U0025988

樂齡圓夢實踐家

寶佳公益慈善基金會———策劃

葉雅馨———總編輯

《大家健康》雜誌———採訪整理

樂齡圓夢實踐家

目錄

PART 1　生活有重心，退休不失落

只要用心規劃
就能安享樂齡生活！

文／賴進祥（寶佳公益慈善基金會董事長）

「晚年唯好靜，萬事不關心」，是很多高齡者所嚮往的情境。但萬事不關心，日子還是要過，晚年生活如何安排，才能過的怡然精采，大多數人並不明白。

從董氏基金會針對「退休生活，您準備好了嗎？」所作調查，我們可以發現，國內六十歲以上的老人，大多數都認為無憂老年生活，必須具備「退休規劃」、「儲蓄理財」、「朋友互動」、「運動習慣」和「健康規劃」等五個要素。其中，常與朋友互動，可以避免憂鬱孤寂；如何保持身體健康，則是老年人主要壓力源。

為協助年長者規劃退休生活，寶佳公益慈善基金會與董氏基金會之前曾經合作，共同出版一本這方面的專書，書名就叫做《未來更幸福！退休前必修的 12 堂課》，以幫助年長者建立一些觀念。

　　現在，為了協助大家實踐這些觀念，我們再度合作，出版《樂齡圓夢實踐家》這本書。透過採訪各行各業退休前輩，把他們的經驗，拿來與您共享。

　　他們也許並不是大家熟悉的名人，卻都是各階段退休圓夢的實踐家，書中採訪到活躍於社團、或長期躋身於海外志工行列的退休族，也設法接觸到樂齡族的團體，如兩代跳街舞、由爺奶所組成的芭蕾舞團等，不但多元，而且有趣。這一些故事，最貼近你我，類似的退休夢，只要用心規劃，你我都能如同他們一樣，享受怡然自得退休生活。

　　書內最後一章，不忘貼心提醒，樂齡族群年紀不輕，在實施運動時，得要留意安全，才能避免運動傷害。現在也有不少都市內樂齡族，喜歡跑到鄰近健身房作運動，書裡頭也針對健身房的運動，較常發生問題，提出完備解答。

　　這本書挺實用，且富有趣味性，對於將退休、已經退休者、一般高齡族，或者其家屬，都很適合拿來閱讀，也都能夠有所幫助！

出版序

退休是另一階段
精彩人生的開始

文／姚思遠（董氏基金會執行長）

　　董氏基金會發行的《大家健康》雜誌過去曾採訪不少名人及企業家，並出版合輯的心靈勵志好書，包括《隨心所欲：享受精彩人生》、《人生的禮物：10個董事長教你逆境再起的力量》及《幸福樂齡：高年級的人生課》等，這些書在不少書店通路上，都被列為推薦書。此次我們以「樂齡圓夢」為主題，擴及採訪的對象是一般民間素人，他們雖不是名人，但來自社會各個不同階層，各有各的精彩退休生活，他們是「樂齡圓夢實踐家」。

　　《樂齡圓夢實踐家》也是我們在 2019 年與寶佳公益慈善基金會合作出版的書籍之一，可說是另一本《未來更幸福！退休前必修的 12 堂課》的真人實踐版。

　　不少民眾在步入中年後，會開始擔心未來的退休生活，亦有不少已退休的長者，煩惱生活不知如何規劃安排，甚至無所事事，想重返職場。其實「退休」，並不代表人生就此休息、

停滯不前，它像是一個人生階段，你可以選擇在職場上退而不休，也可重新再展開另一階段的人生。

「活到老，學到老」，這樣的退休哲學，在書中這些受訪者中，絕對是他們的共同點。他們除了有學習目標外，更能去展現自己學習的成果，這是一個「夢想」實踐的過程。

《樂齡圓夢實踐家》這本書適合 50 世代，也適合已退休的民眾閱讀，從這些退休圓夢的故事，找到可以追夢的方向，讓自己的第二人生更精彩。

前 言

退休生活，你準備好了嗎？

50 歲以上民眾對退休及老年預備之需求現況調查

文／葉雅馨、戴怡君、林明潔、張立屏

許多人的前半生汲汲於工作、家庭，50 歲後，即將邁入人生的第二階段，你會用什麼心情面對不一樣的生活情境、逐漸老化的身體、角色功能的轉變？預想過自己的退休或老年生活嗎？要具備什麼，才能擁有快樂充實的人生下半場？

董氏基金會 2019 年針對 50 歲以上民眾進行的調查發現，近八成受訪者有意識自己已屆退休（老年）年齡，有近六成受訪者認為自己已準備好過退休（老年）生活，但近四成民眾尚未開始規劃。詢問若即將退休，對退休生活有何感受，受訪者以感到「平靜」最多，其次為「愉快」、「期待」，而有超過十分之一的受訪者有感到無助、恐懼及焦慮等負面情緒。

這項調查是 2018 年 12 月～ 2019 年 1 月透過紙本問卷及網路問卷進行，以 50 歲以上民眾為施測對象，共回收有效問卷 1,905 份，調查結果如下：

越常運動、與朋友聯繫頻率高
越快樂

　　本次調查發現，有近八成受訪者認為現在的生活是快樂的，且對目前的生活感到滿意。分析年齡、運動狀況、與朋友聯繫與快樂程度的相關性，發現受訪者年紀愈輕，愈「不快樂」；運動頻率愈高者，愈「快樂」；與朋友聯繫每月超過「一次以上」者，感到「快樂或非常快樂」者比例較高，且達顯著。

受訪者對退休（老年）生活的期望，類別依序為：

近半年每周運動頻率與快樂程度相關

變項	選項	快樂程度				
		很難說	非常不快樂	不快樂	快樂	非常快樂
近半年每周運動頻率	次數不一定	10.8%	1.0%	9.0%	65.5%	13.7%
	3 次以上	4.9%	1.7%	8.1%	69.4%	15.9%
	1～2 次	6.7%	3.3%	11.6%	68.9%	9.5%
	沒有運動	13.3%	6.6%	21.9%	53.6%	4.6%

註：P<0.05，代表其每周運動頻率與快樂程度達顯著關係。

1. 「身體狀況」：如能行動自如，不需他人協助或看顧、有規律的生活作息。

2. 「心理狀況」：如有穩定的情緒狀態。

3. 「人際」：如維繫老友間的友誼、結交更多朋友。

4. 「居住」：如有更多獨處時間、遇緊急狀況時，身邊有人照顧或陪伴。

5. 「角色功能」：如有照顧他人的能力、可參與不同領域的學習課程。

對退休（老年）生活的期望	排名	認為自己目前最欠缺的
能行動自如，不需他人協助或看顧	第一名	經濟能力
有穩定的情緒狀態	第二名	身體狀況良好，無大病痛
遇緊急狀況時，身邊有人照顧或陪伴	第三名	運動習慣
有規律的生活作息	第四名	關於老年生活學習的活動資訊
飲食習慣	第五名	行動自如的能力

6.「經濟」：如有能力負擔自己的生活費用、有因應緊急開支的
   費用。

　　而想要達到嚮往的退休（老年）生活，受訪者認為目前最
欠缺的項目是「經濟能力」，比例顯著高於其他項目；其次為「身
體狀況良好，無大病痛」、「運動習慣的建立」。

　　在退休（老年）生活中如何找回生活的重心？除了他人提
供情緒支持外，自己也可以去學習或嘗試一些新的事物。詢問
本次受訪者退休後想做的事情，以「到各地旅遊」占最多，其
次依序為「運動」、「社會服務」、「學音樂」、「學烹飪烘焙」。

退休（老年）後，想學習或嘗試的事情

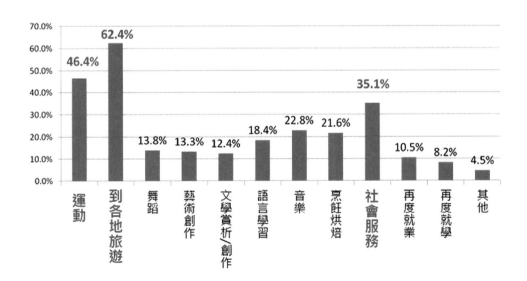

「安」享晚年
關鍵是無憂老化

　　本調查使用「臺灣人憂鬱症量表」做為憂鬱程度測量工具，結果顯示有十分之一（11.3％）的民眾「有明顯憂鬱情緒，需求助專業協助（包括諮商、醫療）」。

　　進一步分析性別、運動、休閒活動與憂鬱的相關性，「女性」及「沒有從事任何休閒活動」在「有明顯憂鬱情緒，需尋求專業協助（包括諮商、醫療）」的比例較高，占 13％、31.2％；近半年運動頻率愈高者，「有明顯憂鬱情緒，需尋求專業協助（包括諮商、醫療）」的比例則愈低。

老年憂鬱症除了與身體疾病（慢性病）有關外，也會受老化而出現的心理、社會因素所影響，例如因為退休而感到失落、孤獨；面臨親友一一離世而感到悲傷；或覺得自己沒有經濟條件與缺乏自我價值等狀況，當沒有足夠支持系統時，就可能引發老年憂鬱症。

陪伴者可從年長者的言語或行為觀察他們是否需要幫助。若年長者常唉聲嘆氣、抱怨身體不適、失眠、經常負向思考，甚至出現自殺意念時，就需要多陪伴，滿足其心理需求。若上述症狀持續兩周以上，就需要帶年長者尋求專業醫師或心理師的協助。

想預防憂鬱，可以怎麼做？假如尚未退休，可提前做好個別性的規劃，安排能取代工作的活動，像是安排休閒活動、學習新事物、從事志工服務等。即使退休，也要持續藉由「做運動」、「培養嗜好」、「親友相聚」及「從事志工服務」四項行動，讓自己累積正向快樂的能量，才能享有老而無憂的生活。

PART 1

生活有重心
退休不失落

退休後如何轉變心境？

　　不論是到社區或海外做志工，享受「施比受更有福」的快樂，還是嘗試過去一直想學卻沒機會碰觸的芭蕾舞或薩克斯風，亦或是安排一趟夢想已久的旅行，都是「自我實現」的一種體現。很多人會建議退休後頓失重心的人勇於追夢，做個夢想實踐家，但專家指出，「夢想」不一定是完整、龐大的計畫，只要實踐時能感覺快樂，就能讓日子過得圓滿又充實……

　　根據內政部調查，國人的平均壽命在 2016 年已經達到 80 歲，也就是說，從 65 歲退休算起，還有 15 年的時間，是完全與自己共處的時光。然而，根據 2016 年健保署的統計，臺灣 65 歲以上長者，有十分之一的人正在醫師處方下服用抗憂鬱藥。此年齡層不快樂的比率明顯高於其他年齡層，憂鬱人口甚至是 30 歲以下者的 8.2 倍！究竟，退休後面臨了什麼困境？可以改善嗎？以下看看專家怎麼建議。

　　「隨著年齡增長，親友逐漸凋零，常參加告別式……，年紀越長的人，歷經的失落就越多。」聯合心理諮商所諮商心理師林萃芬分析，年長者憂鬱的原因還有「外在環境變化太快，

來不及適應，因而產生退縮的心態；此外，可能常緬懷著過去
『美好的時光』，而對現在充滿了抱怨。有些人期待退休後能
過自己設定的生活，但一旦計畫出現變數，就容易憂鬱。」

　　簡言之，老化的過程中有許多負面因子引起的交互作用，
容易引發各種負面情緒，想要退休生活過得好，必須學習調適
老化過程中不可避免的轉變，才有可能進一步「實現自己」、
圓滿人生。

「夢想」並非要有完整計畫
只要生活有重心，就能圓滿自我

　　其實「夢想」不一定要是個偉大的計畫，也可能是個微小
的期待。林萃芬心理師說：「只要每天都覺得活得有意義，就
足夠了，夢想不一定要是個完整、龐大的計畫。只要實踐時，
你感覺快樂、充實、有意義，就是夢想。」

　　不過，很多人年輕時為了討生活而拋棄了「夢想」，會不
會退休後發現自己失去「夢想」的能力？格瑞思心理諮商所諮
商心理師龔頌美分析：「從心理學的理論來看，當一個人的內
在需求完全被滿足時，才不會再有新的夢想，不過這種情況的
可能性極少。」

　　「那些自覺沒有夢想的人，往往是生活失去了熱情與活
力，過去一直為了責任、義務而勉強過著了無生趣的生活。人

活在世上，雖然不能沒有責任和義務，卻不能『只有』責任和義務！」有一種人，從未深入探索過自己是什麼樣的人、想過什麼樣的生活，只是一直順應著外界的期待，扮演著社會認同的角色，就類似戴著面具活了幾十年一樣；當他們「意識到」退休了，很可能就突然失去了生活重心，其實，夢想是存在的，必須往自己的內在去探索、尋找。

因此，「退休後的夢想」是多樣的，可能在別人眼中一點也不起眼，但對自己來說卻別具意義。譬如一個退休前馬不停蹄、四處奔波的人，或許退休後「賴在家裡什麼都不做」正是他的夢想啊！

退休後感到失落感
該如何調適？

林萃芬心理師說明，「並不是退休計畫越完整，就越不會產生負面情緒。『失落感』容易隨著年齡而增長，如果不學習自我調適，即便原本很樂活的人，都可能因為外在因素的變化，而陷入負面情緒。」。

龔頌美心理師進一步分析，退休、老化帶來的失落包括：

◆ **人際失落**：上班族的人際關係多侷限在同事、客戶；退休後人際關係回歸家庭，但子女多半已離家，常讓退休者產生不被需要的失落感。過去以工作為重心的程度越高，失落的程

度會越強烈。

◆ **金錢失落**：除了退休金之外沒有其他的收入來源，也會有經濟來源減縮帶來的失落感。

◆ **老化的失落**：器官因退化或疾病而衰敗、疼痛、不適，身體已無法配合意志而行，無法掌控的感覺會引起悲傷。

失落所帶來的不安全感會讓人更想要掌控，但實際經歷到的卻是人事物都越來越難掌控，無法掌控的失落感又帶來更大的不安全感，就這樣形成一種惡性循環。所以會有沮喪、憤怒、悲傷、焦慮、憂鬱等負向情緒。

那麼，該如何調適失落感呢？要先能夠「覺察」，再努力去「調適」！龔頌美心理師說，若過去的生活是以「現實層面」的考量去安排，退休後可以考慮為自己而活。但要為自己而活，就必須重新「接納」，接納當初為了現實而捨棄的真實自我，並且去探索從來沒有機會表達的「真實自我」。譬如：有些人習慣「壓抑」真實的情緒，或者把注意力全放在子女的身上，而沒有去正視自己真實的感受與需求。

現在，可以細心觀察自己對很多事物的情緒反應，與自己深度對談，去找到真實的想法；在多次的抽絲剝繭之後，就能越來越了解真實的自己，這就是「覺察」！而真實的自己，很有可能不是大半生表現在人前的自己，這時候除了需要有「勇氣」去接納之外，還需要學習跟這個真實卻陌生的自己相處。

這種探索才是人生最大的探險,是獨一無二珍貴的經驗。

　　另外,林萃芬心理師提醒,年紀愈大,會有比較多的情緒反應,也會有很多突發狀況,超乎之前的預想。但不論是自己或旁人,都不要去否定過程中的情緒反應,也不要以為做好了萬全的退休計畫,就能防堵負面情緒發生,應該要「坦誠地接納」這些情緒,再學習調適的技巧。

心理韌性
需要鍛鍊的過程

　　林萃芬心理師說:「我覺得臺灣人應該上一堂課,叫做『老

4 步驟，讓自己勇敢追夢

Step 1》請思考現在退休後的生活，自覺愉快嗎？有沒有什
　　　　麼事情，是不做會覺得遺憾的？

Step 2》多方面去嘗試以前想做，卻沒有機
　　　　會做的事。

Step 3》思考新的事物帶給自己什麼感受？

Step 4》嘗試過後的自己，有什麼不一樣？
　　　　未來想做到什麼程度？

人心理』，因為那是一個完全不同於年輕人的狀態。漸進式的
老化，其實就是一個漸進式『失去』的過程；老人們從懷舊、
愛碎念、過度擔心等狀態中，要轉換成富有彈性、能控制情緒、
自我鼓勵的狀態，需要很多的練習與鍛鍊。」她說，就像她的
書籍《鍛鍊心理肌力》的主旨一樣，要把調適技巧當成肌肉一
樣來鍛鍊，當它富有韌性，就不容易被情緒挫折所打倒。

　　此外，她也提醒，家中晚輩對長輩的支持系統，往往讓長
輩很受用，如果家人間能有深度的心理支持，對老後階段的心
理調適幫助很大。

　　龔頌美心理師說：「若過去從未真正為自己而活，請開闊
您的心胸，廣泛嘗試、探索、涉略各種不同領域，透過親身體

驗去了解自己真正喜歡的是什麼樣的生活，開啟人生的第二春。但若過去已經淋漓盡致地為自己而活了，不妨調整一下角色，讓下半場成為『助人者』，協助他人實現夢想，陪伴他人度過人生的風浪！」

曾有一位年年數著日子，期盼退休的公務員，老是跟朋友講：「等我退休後，要去⋯⋯，或者去⋯⋯，還有⋯⋯。」他自覺每天忍耐著乏味的生活，就是等著退休，相信從退休那天起，生活就會開啟繽紛的新頁。但是，在退休後的第十天，他卻不幸車禍身亡！他期盼多年的圓夢之旅還沒開始，生命便戛然而止。這個故事告訴我們，生活不一定能完全照著自己的期待前進，也告訴我們，要「自我實現」不一定只在退休後！

從飲食和運動著手，讓自己愈活愈健康！

　　常聽人說，上了年紀以後，吃得營養很重要！但到底該怎麼吃？怎麼計算營養吃得夠不夠？又該如何運動，才能對抗老化，愈動愈健康？

　　老一輩的人常說：「養兒防老」，但在少子化的趨勢下，如果還以為養兒真能防老，可就大錯特錯了！由於現在社會競

爭激烈，孩子在外地工作的比例甚高，要是自己身體出狀況時，孩子難以趕回身邊照顧，身為父母的你該怎麼辦？

有時候，養兒防老其實是一種「逃避」的概念，逃避自己年邁時勢必面對的困境。一個人的年紀越大，越必須懂得一個道理：「你的人生，只有你自己才有責任完全負責。」如果希望自己年紀大了有尊嚴，那麼，一定要讓自己成為一個「獨立」的人，而最簡單的方法，就是從飲食和運動開始，幫自己愈活愈健康！

人不能等「老了」
才開始想「該怎麼辦」

自癒力餐盤

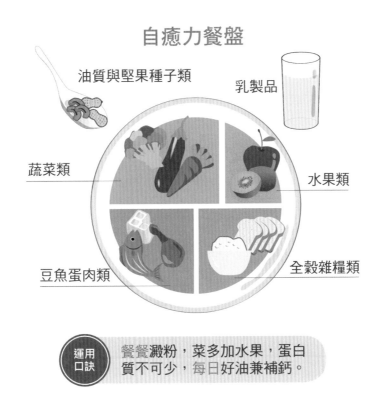

油質與堅果種子類

乳製品

蔬菜類

水果類

豆魚蛋肉類

全穀雜糧類

運用口訣：餐餐澱粉，菜多加水果，蛋白質不可少，每日好油兼補鈣。

　　揚生慈善基金會 6 年前在北市及新北市各成立一處揚生六〇館並研發自癒力教室，進行社區健康促進推廣，並打出「健康飲食、適量運動、良好習慣＋人際關係」的「3+1」口號，鼓勵國人健康老化，先後上過課的民眾多達十萬人次，不少人也從過程中改掉急性子和臭脾氣，學習該如何和家人相處的眉角。

　　該會執行長許華倚表示，人不能等「老了」才開始想「該

怎麼辦」，所以該會邀請 60 歲以上的民眾主動學習健康飲食的概念，也教導他們在家做「伸平有力」（伸展、平衡、有氧、肌力）的運動，同時增進和家人間的關係，很多人在三階段課程中交到很多好朋友，彼此組成 LINE 群組，下課後相約吃飯爬山唱歌，生活多了很多樂趣和滋味。

　　許華倚不諱言，所謂「健康老化」，講白一點就是「活得久，死得快」。目前國人平均臥病在床的時間約 8～10 年，換言之，大約 70 歲左右就開始需要他人幫助，基金會希望透過努力把臥病時間往後延，健康年齡愈接近平均壽命愈好，但這個過程必

須經過學習，並靠自己努力達成。

健康靠自己
別依賴醫生及兒女

「以前的人生病了，盼望的是養兒防老或靠政府、靠醫生，但現代人逐漸了解，健康大計與其交給專業管理，不如自己調整生活習慣，就能遠離疾病，重拾健康。」許華倚說，人本來就有自我療癒的能力，只要做到 4 動 1 吃（多運動＋多勞動＋多腦動＋多互動＋吃對三餐）並養成習慣，就可以降低失智風險，讓整個局面改觀。

以飲食內容的學習為例，首先要把牙口整理好，至於每一餐的「餐盤」內該放哪些食物，必須簡單好記，所以可以簡化成蔬菜、水果、全穀雜糧、豆魚蛋肉，再加上牛奶及堅果共六大類（見自癒力餐盤圖），其中全穀雜糧、豆魚蛋肉各占餐盤下方 1/4，蔬菜占 2/3，水果占 1/3，外加牛奶及堅果各一份。

了解每天必須攝取的食物種類之後，接著要循序漸進從日常生活做起，檢視每一餐飲食內容，如果這餐只有青菜和澱粉，那麼下一餐就要多一點蛋白質，分量不足就一點一點慢慢增加。此外，也要讓老人知道，運動量不足，睡眠不好，心情不好，胃口就不開，全部都是環環相扣的，所以要往正向轉動，買菜時也要把均衡飲食的概念輸入腦中。

　　在飲食時，應該有意識的思考每天每餐的飲食內容，舉例來說，如果某一餐吃進糙米、地瓜葉，再加山藥、南瓜，看起來似乎很養生，其實只吃了主食和蔬菜，缺少了蛋白質；如果遇到了容易混淆的食品，也要能清楚辨識。若要外出用餐，也要懂得分辨、計量和覺察，這一餐不夠的營養素，下一餐調整、補充，一天做不到，第二天趕快補足，只要有健康意識，就能掌握健康。

把運動當成每日功課
勤練 4 大類運動

　　面對中風、失智、衰弱、骨折、關節疾病等長照五大元兇，

運動口號不妨牢記「伸平有力」（諧音「生平有力」，也就是「伸展、平衡、有氧、肌力」四項運動要均衡），提醒自己「運動有不同面向」，不光是每天都運動，還要多元性運動。「只要概念清楚，正確做對運動，再強調姿勢正確，人人都可以在家做運動。」許華倚認為，把運動當成每日功課，不花錢就能維持健康。

「伸平有力」四項運動的效用及重點包括：

1. **伸展運動**：可讓關節活動範圍擴大，方便自己輕鬆拿取高處的東西或曬衣服，也可避免五十肩。
2. **練習平衡**：可避免跌倒和走路不穩。

3. **有氧運動**：可提升心肺功能，避免中風及心血管疾病，平時可養成快走、跑步、騎腳踏車或游泳的習慣。

4. **肌力運動**：多做肌力運動可避免跌倒時骨折或關節炎，上廁所也能順利起立坐下。最好每日做肌力運動和有氧運動，避免衰弱。

　　將所學落實於日常生活後，有人原本每天游泳一小時還是三酸甘油脂過高，改變多元運動項目後，指數回到正常值；有些人反映睡眠變好了，不用再吃安眠藥；練習靜坐後，改善了腰痛問題；性格原本急躁的人，速度放慢了，開始注意周邊美麗的人生風景，這都是學習幸福終老的最佳收穫。

PART 2

素人帶路
成為圓夢實踐家

陳堅志：
勤跑健身房，人生 70 才開始

今年 72 歲的陳堅志，每天都會到公園跟著老師練穴道拍打、甩手易筋功；每個禮拜也會挑四天到健身房重訓，積極增加肌耐力，就是希望到老依然可以行動自如。是因為眼見 85 歲的媽媽從健康能行走的老人，因生病而少走，到最後兩年雙腿無力而無法站立。讓他意識到：「上了年紀，透過運動維持生活基本能力，是重要的事！」……

空軍飛行員退役的陳堅志，年輕時就喜歡運動，但工作性質幾度轉變，運動方式及重點也隨之改變。有時工作忙，應酬多，難免犧牲了運動時間，後來即便偶爾運動，仍逐年增胖。他笑說，「壓力大的時候，不知不覺會以美食紓壓，體重一度從 75 公斤飆升到 90 公斤，血糖、血壓、膽固醇也逼近紅字。」雖然健檢報告上逼近紅字的數值曾讓他心生警覺，但真正意識到老年後應加強運動，以減緩肌肉流失及保持肌力，則是媽媽晚年體能快速衰退的情況，讓他驚覺：年紀大了，若不常運動，肌肉原來流失得這麼快！

　　陳堅志從 65 歲起，陪母親住進養老院的家庭式住宅，在親身照顧媽媽的四年多中，眼見 85 歲的媽媽從一個健康能行走的老人，罹患帕金森氏症後開始少走，到最後兩年雙腿無力、無法自行站立，不得不請移工照顧。到了晚期，就算移工扶著也難以邁步，只得形同臥床的困在床榻和輪椅、躺椅之間。

每天持續早起到公園練功
減肥成效驚人，讓他信心大增

　　2016 年底，陳媽媽 90 歲衰弱過世。2017 年 8 月某天，陳堅志早晨去住家附近的碧湖公園散步，看到公園中有許多運動社團，各自活動，好不熱鬧。其中，有位黃正賢老師帶著大家

陳堅志每天早上七點會和太太一起到公園練「少林有氧運動」，三套功法做完前後 80 分鐘，全身暢快流汗，再回家吃早午餐。（圖片提供／陳堅志）

在練吐納、穴道拍打、甩手易筋功，他深受吸引。從此，每天早上七點他都會約太太到公園練「少林有氧運動」，三套功法做完，前後 80 分鐘，全身暢快流汗，接著兩人才緩步回家吃早午餐。沒想到才過了幾個月，他的體重就從 90 公斤降到 83 公斤，腰帶扣洞節節緊縮，令他十分開心。

　　當時，陳堅志在家人鼓勵下，正攻讀實踐大學「高齡家庭服務事業」研究所碩士在職專班。他想起半年多前，講授「老人保健與健康促進」的陳俊忠教授，帶他們到新莊參觀一家專為中高齡及失能者復健而創立的特殊器材健身中心，回家後便動念加入住家附近的健身房，騎固定腳踏車及使用相關健身設備，加強腿部和手部的肌肉鍛練。

　　剛入會時，健身中心派了一位年輕教練來和陳堅志談，問了一堆令人啼笑皆非的粗淺問題，陳堅志心想：我不是年輕人，不是為了練六塊肌、人魚線才來的，你不懂我的運動目標，我又如何能期待你為我設計合適的運動呢？

　　在他的要求下，健身中心改派了一位經驗豐富的中年教練，相談之下，果然聽懂陳堅志的需求是：要增肌（增加肌耐力）及減脂（燃燒脂肪），希望在老的時候能站得起來、手有力量。例如：腳蹬出去有力量，可從軟的沙發上，一蹬腳就站得起來（更老時，可藉助扶手站起來），平時行動自如，平衡感佳，手扭毛巾能擰得乾，可以開罐、提物……。陳堅志說，「對上

了年紀的人來說，能維持這些生活基本能力，才是相對重要的事！」

　　陳堅志表示，目前坊間健身房會員有六、七成都是健康的年輕人，其次是樂齡族，真正的銀髮族只在少數，導致運動指導員只擅長指導年輕人如何操作機器。不了解中高齡的骨骼、肌肉及身體結構，以及肌肉、體脂肪的變化、與身體的關係等。「如果運動指導員都能具備上述專業知識，可提出針對性的運動策略，相信銀髮族會更願意加入健身中心。」

尋找專業教練
可避免銀髮族運動傷害

　　目前陳堅志每天的生活型態是，早上七點和太太一起去公園練功 80 分鐘，或在湖邊散步，吃完健康早午餐後，大約十點多，會到菜園種種菜。中午若沒有和朋友聚會，下午就會一周挑四天到健身房請教練指導——重點放在騎固定腳踏車及鍛鍊蹬腳的肌肉、加強手臂及手腕肌力，以及做仰臥起坐練腹肌等。至於年輕人熱衷的重訓器材及槓啞鈴都不碰，因為「沒有需要」。

　　再者，陳堅志不贊成在健身房「看圖識字，自己操作」，因為這些機器若沒人教導，盲目使用很容易受傷。「即便是年輕人領悟得快一點，也不一定做得正確。」

因家族性高血壓，陳堅志 45 歲起開始服用降血壓藥。這兩年，刻意限制米飯，一天一碗飯，平均分在兩餐吃，至於魚、肉則沒有太忌口，偶爾聚餐時喝些酒，改變飲食及持續運動後，成功瘦了 13 公斤，腰圍從 37 吋降為 34 吋，原本拉警報的血糖也回復正常。他笑說，「減重不能依賴健身房，公園老師教的吐納、甩手易筋功、少林有氧運動，也功不可沒呀！」更神奇的是，他的五十肩也在練功過程中不藥而癒了。

所以，陳堅志常提醒周邊朋友，「不要瞧不起公園運動，反而要善用這些資源」，不論是每天在湖邊健走一萬五千步，或是打太極、練甩手吐納，或是踮腳、拉筋、穴道拍打、腹式呼吸都很好，只要肯持續做，都可以瘦下來。「若能選個運動社團加入，就更理想了，既可以交朋友，而且是最好的督促力量。」

年輕時跑過半馬、武裝賽跑的陳堅志，十多年前還會去走山跑步，但現在覺得當下的運動最適合，「不同年齡的體能狀況不同，也會喜歡上不同運動，這是很正常的事」。

運動完泡三溫暖舒緩
動作要放慢，且不逗留過久

目前他每周去健身房四次，每次兩個鐘頭不全是做健身器材，也包括後面的洗澡、泡三溫暖，只是考量到自己有高血壓，

陳堅志提醒朋友，「不要瞧不起公園運動，反而要善用這些資源」，不論是打太極、練甩手、吐納、拉筋、穴道拍打、腹式呼吸都很好，「若能選個運動社團加入，就更理想了，可以交朋友，而且是最好的督促力量。」（圖片提供／陳堅志）

會放慢適應冷熱的速度，不論在按摩槽、蒸汽室、烤箱、熱水池或冰水池，都會讓身體先慢慢適應再進入，同時在每個環節頂多待 3 ～ 5 分鐘，避免心肺增加負擔。

陳堅志幽默的說，「健身房要繳會費，不去太可惜；再者花錢請了教練，不去更可惜！」其實，有教練的好處是，一則教練知道自己的需求後，可正確指導如何使用器材，做完機器後如何舒展；再者，教練也會督促要做多少次才有效果，提醒做多久要休息多久，肌肉才不會受傷。

他不太贊成年紀大的人，心血來潮就跑去健身房運動。「若只是去游泳還好，若是使用跑步機，很可能因手腳不協調而出狀況，那還不如去公園快走或小跑，較能隨時調整強度！」陳堅志鼓勵想運動的民眾，不要忽略在住家附近的公共資源，例如社區公園、活動中心門檻相對較親民，有現成團體也可考慮參加。若想去運動中心使用器材，一定要有專人指導，因為並非所有器材都適合你的年齡和需求。

針對性的運動
才符合各別需求

目前新式智能運動器材會記錄使用者的情況，但一般坊間健身房的器材則不會記錄。陳堅志建議有特殊需要的樂齡族或銀髮族，不妨選擇可針對個別需求提供復健功能的健身中心，

例如訓練腹肌、腳蹬力量、預防跌倒的肌力、手腕力等，或改善五十肩、腰痠背痛、手腳不協調、平衡感不夠，或進行保護骨盆、膝關節、髖關節的訓練。

　　陳堅志打算繼續運動健身，未來讓體重降至 75 公斤，腰圍維持在 32 吋，另外，再增加一些瑜伽、拉筋課程。他知道這是很大的挑戰，但為了能「樂活」和不給子女找「麻煩」，所有的努力都是必要的。「老祖宗說的很有道理，筋多拉一寸就多活一歲。很多時候人老了彎不下腰、蹲不下來，並不是骨頭硬了，而是筋縮了、綁住身體所致。」因此，只要對身體有益的運動，他都會嘗試！

蘇寧生：
退休前探索興趣，無縫接軌快意老年

曾任職於經濟部工程單位、榮工處，從事營建管理工作的蘇寧生，63 歲退休至今已近 12 年。「我雖然沒有特別規畫老年生活，但因興趣多元，退休生活不但不無聊，還很開心想玩什麼就玩什麼！」

蘇寧生退休前 5、6 年，女兒就去社區大學學陶藝，之後太

蘇寧生退休後持續去社區大學學二胡，他發現每期二胡課程結訓後都會舉辦成果展，很多學員為了演出，每天安排進度練習，生活有重心，活得很踏實。

太也去學盆景布置及栽種，兩人上完課都覺得不錯，便推薦他去學習。蘇寧生報名陶藝課和園藝造景課後，又獨自報名二胡班，後來女兒、太太都不在社大繼續學習，反而是他獨自持續了很長一段時間，直到退休後都樂在其中。

正因如此，蘇寧生從未對「退休」一事感到徬徨。當身邊友人開始煩惱「退休後要做什麼」，為了即將改變的環境與生活模式而感到壓力，以及擔憂自己失去生活重心時，他可說是完全做好了心理準備，時機來臨就順勢退休。

攜伴步道尋幽
表演展現成果

正式退休後，大約有 3、4 年的時間，蘇寧生與太太一起跟著一位身為步道協會成員的園藝老師，走訪臺灣人潮稀少的山林步道，邊走邊認識植物。養成健走習慣後，現在每天他與太太都會到住家附近的操場健走八千步，不僅維持健康，同時也維繫了夫妻間的感情。

蘇寧生坦言，男人即使退休了，參加活動還是希望能多那麼一點「意義」，可以學而優去參加比賽，或是學完之後有機會登臺表演。總之，不光怡情悅性，而是學了之後「還有點用處」。而參加社大的二胡班有一個好處，就是每期課程結訓後都會舉辦一個成果發表會。此外，很多社區活動也常邀請他們

蘇寧生退休後，每個禮拜固定兩個晚上到臺灣圖書館參加書法課和篆刻課程，
生活很充實。

去表演。

許多二胡班的學員因此把演出要夠水準當作努力的目標，每天安排進度練習，生活便有了重心。蘇寧生發現，「同學來自各個領域，大家互相作伴、打氣，上起課來很有勁，生活有目標，又有歸屬感，自然變得有趣。」

蘇寧生認為，學習是一種習慣，是一種精神，退休前先建立學習的好習慣，退休後就不怕無聊和無趣了。雖然凡事起頭難，可是一旦跨出去，經歷過幾次，後面很多事情就簡單多了。「我和太太都發現，退休前不曾參加公司社團的人，退休後也不會參加。反之，上班時就會加入社團的，退休後一樣活躍，而且愈學愈多。」

像蘇寧生退休前就在社區大學上課，退休後花更多時間去上其他課程，地點不再侷限於社大。此外，他也陸續報名圖書館或其他組織和社團開辦的國畫、書法、篆刻課程。有時會上網找資料，想辦法解決生活難題，或是嘗試增加家庭生活的趣味，例如：上網「自學泡咖啡」給家人喝，享受家人的讚美和感謝。

退休開展志趣
探索藝文潛能

蘇寧生坦言，除了植栽是從年輕時就感興趣之外，其他全

部都是 50 歲之後才開始學的，甚至以前不知道自己竟然對藝文活動有這麼高的興趣和潛質。「退休之後才是人生海闊天空的開始，是探索自己、找到興趣及性向之所在的最佳時機。」他退休前就在小學當晨間讀經志工，退休後更有時間一周安排四天進學校推廣，甚至還到幼稚園去推廣教導老師們如何帶孩子們讀經。

退休後，蘇寧生最有成就感的事，是自己 DIY 將頂樓貼上磁磚，完成屋頂花園的夢想。他在職時曾看過各種工程施工，但從沒自己動手做過。退休後家中屋頂做好防水工程，但貼磁磚的工程太小，沒人願意承接。拖了許久，他決定自己買材料、鋪泥貼磚，前後花了一個月的時間，終於完成一個全家人都讚不絕口的屋頂花園，還因此被太太稱為「馬蓋先」。

和職場生涯相比，蘇寧生認為，退休之後擁有更多條件可以為自己而活。就算不知道自己喜歡或擅長的是什麼也沒關係，男性朋友也不用擔心自己在女學員較多的班級是「少數族群」（很多退休族皆有此罣礙），只要願意開始探索自我，而不是待在原地慌張，「隨時出發，永遠不嫌晚！」

退休生活這樣過
天天樂活又充實

以下是蘇寧生 9 月某一周的行程，會兼顧自己的興趣和體

退休後，蘇寧生終於有時間為住家屋頂打造花園，每天光澆花就要花一小時，
因為每種花需要的水量都不同，所以要一盆一盆澆。

力，不會排得滿滿沒有喘息空間，而且有動有靜，有學習新技能的機會，也有把自己會的傳承給後進的分享活動，天天都樂活。

蘇寧生閒暇時會去走步道，觀賞植物。

	MON.	TUE.	WED.	THU.	FRI.	SAT.	SUN.
上午	寫書法 or 刻印章 or 整理花園	7:50～8:30 到國小帶孩子讀論語	寫書法 or 刻印章 or 整理花園	7:50～8:30 到國小帶孩子讀論語		寫書法 or 刻印章 or 整理花園	9:00～12:00 為好友孫子講解論語 or 教寫書法
下午	20:00 散步 1 小時	19:00～21:00 到圖書館上書法課	游泳	15:30～16:00 到幼稚園講論語故事 / 20:00 散步 1 小時	19:00～21:00 到圖書館上篆刻課	20:00 散步 1 小時	

給即將退休者的建議

1. 退休前就要加入社團

　　有特殊興趣，就報名相關社團；沒有特殊興趣，就從頭開始培養興趣。退休前就不想動的人，退休後更不會動，所以可從退休前 5、6 年就開始規畫及嘗試。

2. 視個性選擇社團

　　譬如：喜歡與人互動者，可選擇交誼性質、比較沒有壓力的社團，如：唱歌、跳舞、導覽員培訓等社團。比較需要成就感的男性，建議可選擇技能學習類的社團，或有表演機會的社團，如學木工、修理小家電、學樂器表演。這樣不僅能滿足學習的欲望，學習的成果也有表演的舞臺，能讓自己覺得更有成長性。

3. 夫妻相伴更添趣味

　　另一半是最好的退休夥伴，最好從年輕就培養一起休閒的默契，像是爬山觀賞植物、每日走一萬步、蒔花種草等。

4. 多動手做，少叨念家人

　　換保險絲、修理水龍頭或馬桶等小工程，可以自己動手做。泡咖啡、煮料理也可以重頭學起，不會就請教網友，多練習幾次，就能得到家人的讚美。

劉家馴：
提早退休，享受「被需要的人生」

　　退休前後經歷多次病痛和生活調適，前惠普科技（HP）臺灣分公司企劃部經理劉家馴，如今不但重新找到人生的定位，更展開亮麗而多元的學習和服務面向，身體愈來愈健康有活力，生活也變得豐富有趣。

　　「明天開始去學騷莎舞，說不定學一陣子，可請老師為我們的社團編舞！」劉家馴笑著說，喜歡的運動幾乎都是有律動、有音樂的唱跳活動，最「靜態」的運動就是和先生散步。「四年多前動髖關節手術，我也是二周後就坐輪椅和先生出國去玩，之後很快就丟掉拐杖自由行走啦！」

退休後的劉家馴除了積極參加社團活動，也經常和家人聚會、和好姐妹喝茶聊天，日子充實愉快。

為了健康及家人
提早退休

懷抱記者夢考進新聞系的劉家馴，大學還沒畢業就被老師推薦考入外商廣告公司工作，其後輾轉被挖角擔任 HP 惠普科技臺灣分公司公共關係暨企劃部經理，之後轉任直銷部經理，負責電腦耗材銷售。叱吒職場十年後，曾獲公司甄選就讀臺大 EMBA（企家班）。

連續三年間，劉家馴白天承擔著公司的業績壓力，晚上匆匆趕赴臺大上課討論，半夜待家人就寢後，還要準備隔天開會用的資料，一天平均只睡五小時。42 歲時，學業剛完成不久，積勞多時的健康終於潰堤，某天下班沒吃晚飯趕去上課，腹痛如絞冒冷汗，忍到下課開車回家，才進門就痛昏在地板上，被家人送醫急救，發現是急性膽囊炎，一週後手術割掉了膽囊和盲腸，原以為就此沒事，沒想到前後休養了一年多才漸漸恢復體力。

再回公司受聘為顧問的一年中，因為先生打算把大女兒陳瑩（現任東森新聞台主播）送到美國讀高中，儘管心中對工作尚有抱負與熱情，但因先生同時也被請去一家新成立的電視公司擔任執行常董兼總經理，任務十分艱鉅。劉家馴為協助先生打拚事業和三個孩子的教育，毅然決定提早退休。

沒料到家管工作比上班更繁雜
帶來空前挫折

　　45 歲就能退休，令人非常羨慕，但劉家馴卻形容是「一場災難的開始」。原來，一向表現優異、精明幹練的她，這輩子從來沒有正式踏進過廚房，突然間回歸平淡樸實的媽媽、太太角色，拿起鍋碗瓢盆、搞懂柴米油鹽，重新學習如何管理好家中的大小事，這才發覺家庭主婦的「工作」竟如此繁雜，光是料理三餐就夠讓人深感挫敗、情緒 down 到谷底。

　　「家事沒有 SOP 可照著做，我常常弄得自己渾身是傷，孤

2000 年擔任國際崇她社社長任內主辦全國大會、國際聯誼活動。

應朋友之邀，加入臺大校友合唱團後，每周六下午的團練，已成為劉家馴（前排中）每周固定行程。

立無援，忍不住悲從中來。」劉家馴伸出兩手「展示」數不清的刀疤、割痕、燙傷，笑言當時娘家兄姊常在玩笑中心疼的叫她這個排行老六的么妹「刀疤老六」，顯見當時吃了多少苦頭。

相較於過去縱橫職場 24 載的豐功偉績，劉家馴一度無法接受自己的「無能」。偏偏孤軍奮戰、精疲力盡之際，還必須先把自己的情緒擺在一邊，去做其他家人的傾聽者、安慰者，肩負著自己和家人的壓力和苦楚，必須支援臺灣、美國的各個「戰線」而到處奔波。

所幸，劉家馴並未讓自己沮喪太久。當她認清、接受了眼前遇到的困境跟她過去所學、所做的事都不一樣時，她了解到

不論社團有多忙，劉家馴每天都會留時間給家人，陪丈夫去做他喜歡的活動，偶爾兩人還會一起去唱卡拉 OK。

一切必須自立自強，想辦法突破。於是劉家馴運用過去的職場智慧，重新看待、管理家庭，包括時間分配得當、判斷何時何處最需要人手，再按照輕重緩急去處理和安排，讓自己朝著「扮演最佳幕後推手」的方向去努力。

從發號司令者
變成最佳支持者

　　不過，當退休後第七年，三個孩子陸續出國求學、發展後，劉家馴一度頓失生活重心。好在，此時她已銜接上退休前一年參加的崇她社（Zonta Club），開始規畫屬於自己的生活。認真負責的她，雖不刻意爭取，卻因人緣特好被選為社長，主辦各

式慈善活動。也因好友的邀約，先後加入大愛之聲和臺大校友合唱團。後來又參加了台北市閱讀寫作協會，每月聆聽作家分享書作，她希望藉此重拾寫作，記錄年邁父親辛勞的一生。

「所有參加的社團，都是朋友約我去的。」劉家馴表示，女性參加活動，除了興趣外，更重視有沒有好友同行，所有活動只要有好友相伴，就會樂趣更多。

劉家馴 12 年前曾在例行體檢時，檢查出肺部有癌變細胞，並動手術切除一片肺葉，之後她發現「練合唱、跳舞、寫作對健康大有幫助。」四年多前因摔跤舊傷疼痛，又換了半邊髖關節，手術後她憑著毅力忍痛丟掉助行器和手杖，勤做復健和走路，如今中氣十足，如願在先生退休後一起旅遊暢行國內外。

「退休生活一定要事先規畫，找出自己真正想要做、喜歡做的事情，接著就去嘗試和行動，才不會讓自己陷入『毫無用處』、『人生失去意義』的煩惱中。」最近，劉家馴的先生也退休了，兩人比過去有更多時間相處，她也適時分享自己的經驗，協助及陪伴丈夫調適退休後的生活步調，同享兩人退休後的絢爛生活。

夫妻退休後朝夕相處
這樣做感情更甜蜜

劉家馴甚至以北京女作家楊絳在 103 歲時寫下的《善待暮

年的自己》一文中的佳句，經常和先生輪流各念一遍，互相提醒退休後應有的人生態度：「淡定從容，悠哉遊哉；寵辱不驚，去留無礙；少些期盼，多些寬容；善待自己，微笑向前。」

早在先生退休前，劉家馴就和先生討論過「退休後一定要做到幾件事」。

1. 夫妻倆保持每天「月下談心」的習慣

以往每晚睡前，兩人會在家中小露台上喝茶聊心事，先生偶爾會談及公事及煩心之事，劉家馴專注傾聽之餘，會勸另一半：「對的事，不要回頭看。」先生感受到太太的支持，也更能安心入眠。

2. 退休後每晚夫妻相偕散步

每晚夫妻兩人常走個 30 分鐘，就坐在附近社區石椅上聊開，盡興後就打道回府。

3. 享受和親友相聚的小確幸

劉家馴和先生說好，要「主動出擊」，和老同事、老朋友、老同學、老員工，形成不同群組，相約定期聚會，分享友誼、知識、健康，讓生活依然有活水源源而來。

4. 固定參與社團活動

例如：每周六下午固定到台大合唱團團練；每個月崇她社有一次月會、兩三次公益小活動；閱讀寫作協會每周四下午固

定講座和每月一堂寫作課繳交一篇文章。其他空閒時間，就和先生去唱卡拉 OK，或和家人聚會、和好姐妹喝茶聊天，日子天天充實愉快。去年又自組戲劇製作公司，集結人才為影視環境出力，放眼華人市場。

5. 每周選一天在近郊或市區找景點出遊

如果兒女能同行就更棒了，可以來一趟大稻埕一日遊，或是搭新北環快車遊、探索淡水新市鎮，甚至跑遠一點到北海岸看看海，都是不錯的選擇。最好能利用 Google 搜尋出遊資料、交通路線、特色小吃，快速又實用。

6. 出國旅行，造訪年輕時沒去成的地方

例如：每季進行一次短程旅遊，如走訪上海、日本；經濟許可的話，慎選好的旅行社，每年計畫安排一次長途旅行，趁體力不錯時，先去較遠和難到之處。

給即將退休者的建議

1. 了解自己從事哪些活動最開心

喜歡唱唱跳跳的人，不一定要去跑步打拳，可以去逛街、爬山，或是去聽演講；儘量做自己喜歡、互助利他的事，就能持久而快樂。

2. 女生一輩子一定要有幾位好閨蜜

最好大家的生活經驗不太一樣，如此你拉我去加入你的社團、我約你來參加我的活動，退休生活就多采多姿。

3. 在團體中開心最重要，不要強出頭

很多婦女習慣在家中發號司令，但外出參加社團就不要搶著當主角、爭鋒頭，只要肯做事、肯負責，人緣自然一級棒。

4. 不要把每天的行程塞滿

就算社團活動再怎麼精采，若精神不濟或時間緊迫，就別因人情而勉強自己參加。

5. 在個人生活和家庭、社團間求平衡

要留點時間和另一半相伴，陪對方去做他喜歡的活動，力求個人生活和家庭、社團間的平衡。

董國震：
做志工找回生活重心，趕走退休症候群

離開職場後，退不而休，成為志工回饋社會，是不少人的夢想，但退休時已是中高階主管的樂齡族，面對退休後「沒有頭銜」的狀況，又該如何調整心態，踏出舒適圈，順利地找到能發揮的舞台？不妨看看過來人的經驗，或許能幫你更快找到平衡退休生活的方法。

每週三下午，董國震都會準時出現在董氏基金會辦公室，充滿活力的協助各項庶務，就算是幫忙寄送讀者購書等小事，他也樂意至極，無驕矜之氣。很難想像幾年前他還是上市公司的高階主管，2015 年退休後，不僅開啟了樂齡志工之路，從前長年外派在國外與大陸地區的他，也花更多時間陪伴妻子，更笑稱自己

像是劉福助歌曲〈安童哥買菜〉中的「安童哥」，三不五時就騎著腳踏車到傳統市場買菜⋯⋯

50 歲開始計算資產
為退休生活做好準備

董國震退休後到臺北當代工藝設計分館擔任志工，2018 年該團隊從五百多個志工隊中脫穎而出，獲得全國文化志工團隊獎。他因為擔任志工組長，所以參與了頒獎活動，自己也感到很榮耀！

　　儘管已退休，目前董國震仍協助某公司進行品質精進管理，每週進公司一次，以日薪計，在業界的豐富經歷，讓他在職場上還很有競爭力。問他為何提早退休？董國震直言「因為家人」。

　　多年前董國震從任職了 26 年的公司退休後，又轉任其他公司擔任副總及特助，後來 2015 年在廈門工作時，妻子因膽結石住院十餘日，他便開始思考，是

不是該真正退休，放下工作，回到臺灣好好陪伴妻子。

　　董國震從 50 歲開始認真計算資產，利用 excel 盤點資產及規劃退休後的生活花費，原本有兩間房子的他，也運用前公司的退休金再購置一屋，開始有了租金的被動收入。同時，也廣泛收集退休規劃等相關資訊，積極參加講座、閱讀書籍。正因為先前準備充足，讓他萌生退休念頭時，能瀟灑轉身。

從網路尋找招募資訊
靠做志工維持社交習慣

　　退休後，某次騎單車到植物園賞蓮，恰好看到臺北當代工藝設計分館徵募志工的訊息，開啟了董國震的志工之路。以前他還在職時，曾在公司創立志工社，號召同事一起投身公益，因此，看到徵求志工的公告，馬上就報名了。之後又藉由「臺北 E 大」得知訊息，陸續擔

董國震當志工後，志工們三不五時會私下相揪去郊外踏青，不論是到生態園區觀賞美景，還是爬山鍛鍊體力，大家都玩得很盡興。

任臺北市戶政事務所及社會局的志工；而後在網路上看到董氏基金會招募志工，也來報名。

現在每週一上午，董國震會到臺北市大同戶政事務所擔任志工，協助民眾辦理業務。同一地點，下午又接著擔任臺北市社會局「起步家庭專案」的專案志工，向民眾講解專案內容。週二上午則化身為諮詢顧問，傳承他的經

每天早上起床後，董國震都會騎著心愛的小摺去市場買菜，靠著每天騎 20 公里的腳踏車，成功甩肉 16 公斤，不僅體態看起來更年輕，原本偏高的血糖也回復正常。

驗協助公司營運。到了週三，就出現在董氏基金會的辦公室擔任志工。隔週的星期天，又成為臺北當代工藝設計分館的志工組長，負責導覽及志工排班管理等事務。

洋洋灑灑的行程列下來，志工工作已成為董國震的生活重心，其他時間，或許出遊、運動，或和朋友一起上課學習，閒適自在。他開心的說，三年內累積 300 小時的服務時數，可以獲得衛福部的榮譽志工證，他雖然還沒滿三年，但已累積了 600 多小時的服務時數，2018 年 10 月底他服務的臺北當代工藝

設計分館志工隊獲得全國文化志工團隊獎，而另一個服務的大同戶政志工隊，也在同年 11 月獲得臺北市志工「金鑽獎」，擔任志工不僅幫助他維持安排行程、社交的習慣，被肯定、被需要的感覺更讓他的生活充滿動力。

把管理經驗運用在志工調度
勇於擔任幹部，統籌工作

2018 年臺北當代工藝設計分館的志工群旅遊，動用三輛遊覽車，這趟百餘人的旅行，便是由董國震統籌規畫。他坦言，剛退休時曾想過如果沒退休會怎樣，看著同學、同事還在職場

退休後，不當志工的日子裡，董國震一有空就會邀太太一起騎腳踏車健身，有時也會安排小旅行，夫妻倆帶孫子一起出門走走、逛街、散步……仔細品味每個片刻。

上發光發熱，偶爾也會生起羨慕之情。以往擔任管理職，已習慣領導與教學，所以當志工時，他也勇於任事，擔當幹部，進而利用管理方法統籌分配工作，甚至主動發起志工旅遊，同時也帶領團隊得到全國「文化志工團隊獎」。他笑說：「以前當主管，讓我容易對事情有很多想法，常想要怎麼做會更好，退休後就要自己多找事情做，熱心一點，有事做，自己才會開心呀！」

董國震說，當志工有很多額外的好處，譬如：可以認識很多人，而且彼此沒有利害關係。擔任志工的人大多喜樂無私、

熱情友善，很容易結交好朋友，擴展社交生活。此外，在機關團體服務，也容易產生團隊歸屬感，這些都對退休族的心理健康很有幫助。董國震也常和志工好友們一起找有興趣的課程，自己找老師、場地，揪團上課，儼然像個熟齡共學團，無形中也幫助自我成長和培養興趣。

空閒時間，董國震會

和太太一起騎腳踏車，督促對方運動。曾重達 85 公斤的他，在退休後藉由運動，瘦到 69 公斤，太太也從 78 公斤瘦到 71 公斤。現在他都會要求自己每週要累計騎 100 公里，一趟大約騎 20 公里，騎著心愛的小摺到處遛達，沿途看到喜歡的景物，便停下腳步，用手機拍攝，並將照片放上 FB、LINE 等社群，與朋友一起共享旅遊心得，自在無壓力的運動。

維持社交、培養興趣
退休後別讓自己閒下來

從公司的核心決策大老，轉身成了騎腳踏車買菜的樂齡志工。以前董國震計較的是財報上的數字，現在則算計著今天的青菜、蘿蔔比昨天貴了幾塊錢；以前是屬下要遵循他的指示辦事，現在是在號碼機前熱心詢問民眾要辦理什麼業務。

問起中高階主管退休後最容易產生的身段問題，董國震隨即說：「不會呀！我不會覺得委屈！不要比較，也不要後悔！不要一直和以前的自己比較，也不要浪費時間後悔，要接受，這是人生必經的階段。」爽朗豁達的態度，馬上讓人明白為何他可以每天這麼快樂。他當志工組長，常和志工分享，當志工不要覺得委屈，也不要勉強，要發自內心快樂的去做，如果真的不開心，就先停一停也沒關係。

董國震也建議退休族，退休後一定要有興趣和朋友。如果

沒有特別的興趣，退休後再積極培養也不遲，例如他喜好攝影，會在網上分享作品，學習修圖，有時圖片也會無償提供給擔任志工的團體刊登，「興趣不是要當專家，就像攝影不一定要用高階相機，重點是能享受其所帶來的樂趣。」

打開董國震手機裡的 Line，便是好幾個常聯絡的群組，他建議，退休後不妨多找以前的同學聚聚，和友好的同事保持聯繫，三不五時寒暄閒聊，都會讓人心情愉悅。

給即將退休者的建議

1

積極規劃財務：

比較各式理財方案，並不時檢視時局，調整計畫。

2

避免財務風險：

不做大型投資，不借貸。

3

多跟朋友互動：

維持社交生活，多與無關利害的朋友來往。

4

開拓生活經驗：

多方涉獵以前未曾接觸的事物，例如從事志工，不要給自己太多設限。

5

積極培養興趣：

至少培養一兩項興趣，不要有壓力，興趣不是專長，重點是從中獲得樂趣。

6

保持運動習慣：

維持正常作息，要求自己每週至少運動三次以上。

7

認真維持健康

定期健康檢查，夫妻可互相督促運動與飲食。

8

降低物欲，每天記帳：

對財務保持警覺，最忌亂花錢，每天記帳，有助增加安全感。

9

保持學習彈性：

不要害怕接觸新趨勢、新科技，學習使用手機、網路，試著自己規畫旅遊。

10

吸收退休資訊：

多閱讀有關熟齡生活的書籍，多參加退休規劃的講座或演講。

如何找到適合自己的志工工作？

依衛福部統計，截至 2017 年 12 月底，全臺登記的志工已達 109 萬人，其中 65 歲以上熟齡志工便有 22 萬人，占全體志工人數的 20.4％。熟齡志工與日俱增，可見有愈來愈多的熟齡朋友樂於從事志工，並成為志工的主力族群，不但可回饋社會，更可讓自己的生活更有意義。

有心從事志工的熟齡朋友，可先從自己有興趣或專長的領域開始嘗試。例如：具資訊類專長可從事資訊志工；喜歡小孩或有教育背景者，可擔任學校或親子館等教育機構的志工；擅長交際、熱情的人，則很適合關懷或諮詢類服務。另外，選擇離家近的地點就近服務，不僅省去舟車勞頓，也可認識更多在地好友。

如果怕時間被綁住，不想要長期服務，也可選擇短期的單次服務，例如：地方政府實施疫苗注射或健檢時都會有志工需求；地方政府舉辦大型活動如博覽會等，也會徵募短期志工。假設體力允許且家人支持，想要從事海外志工也是很好的選擇。

沒做過志工，如何踏出第一步？

除了甫退休的 50 ～ 60 歲壯年族群，近年愈來愈多高齡者，即使 70 歲以上仍擔任志工。根據全國志願服務調查研究報告顯示，有志工經驗者，72.3％覺得生活更充實、50.6％自認獲得成長的機會，33.2％則覺得當志工可促進身心健康。然而，不少人有心從事志工服務，卻不知如何跨出第一步。

建議有心從事志工者，可上衛福部「志願服務資訊網」，有非常多關於志工的資訊，也有志工人力銀行，可從中尋找自己有興趣的項目嘗試。關於志工訓練，也可以上「臺北 E 大」的網站，在家便可線上進行志工基礎訓練，取得認證。

不少縣市政府都有推出高齡志工服務計畫，有心者可向居住地政府查詢。另外，國內如「弘道老人福利基金會」、「老五老基金會」也常招募熟齡志工，老五老基金會每年也會舉辦優質高齡志工選拔及表揚活動。其他如「臺灣公益資訊中心」、「104 天使志工人力銀行」也都是很好的志工平臺，可以上網尋找適合自己的志工工作。

林豔萍：
退休族也能打工度假，當海外志工！

　　隨著打工度假及海外志工風行，愈來愈多人藉此到海外體驗異國風情。簡單過日子之餘，也不斷動腦想點子助人。其實，志工旅行不只在年輕人之間十分流行，不少退休族也樂在其中，不但找回生活熱情，甚至得到有別於年輕時的工作成就感。

2018 年 11 月 16 日，林豔萍（左）和女兒到土耳其卡帕多奇亞搭熱氣球，到此處搭熱氣球，可是網友力推一生必做的十件事之一。

在外商公司服務二十多年，決定在五十歲退休的林豔萍，退休前便經常在美術館擔任導覽志工，也在國立臺北教育大學圖書館當志工。退休後，在姐姐的鼓勵下，林豔萍報名前往加勒比海島國聖露西亞擔任農業部門的行銷志工，結果換得一年在島上四處探索、結交國際友人的精采退休生活，並順勢帶動當地農產品開始發展附加價值，也藉由分享行銷創意，被當地農夫視為亦師亦友的好夥伴，甚至留下口碑，再度被國合會錄取，前往尼加拉瓜及宏都拉斯進行專案評估。

到海外當志工前
得組團寫教案試教

林豔萍坦言，過去對農產品十分陌生，一度懷疑自己能否勝任農產品行銷工作，但曾在國合會安排下，前往尼加拉瓜擔任國際志工的姐姐鼓勵她：「沒關係啦，國際志工很多都做跟自己過去背景不一樣的工作。」幾番面試後，林豔萍如願前往第一志願──聖露西亞。

2013 年，女兒在臺中住校讀大四，兒子去當兵，年底林豔萍便飛往中美洲追夢。行前，女兒祝福媽媽「開心就好」，兒子知道平日酷愛重裝爬百岳的媽媽體力沒問題，再問清楚國合會對志工安全的照顧及必要保險後，也放心地祝福媽媽。「孩子小時候，我就鼓勵他們多去嘗試各種活動，所以當我要去圓

夢時，家人也很支持。」林豔萍笑言，林家沒有一個是閒得下來的人，所以其他家人都能支持理解。

　　赴任前，國合會提供很多訓練，甚至得組團寫教案到國小試教，此外要注射預防針，避免傳染病，很多細節都有過來人提醒建議。抵達當地後，也有臺灣派駐當地的技術團團長特別

（左）2015 年 2 月，林豔萍趁做志工空檔，攀登聖露西亞名山 Petit Piton，途中有好幾個垂直攀登的路段，所以這山又叫小皮痛。（右）2015 年 7 月，林豔萍和志工同伴同遊古巴。

關照，使館也會教導如何適應當地生活及該注意的事項，所以接軌得相當順利。

從生活經驗尋找靈感
推銷農產品

　　林豔萍發現，聖露西亞是島國，當地物資缺乏，幾乎什麼東西都要進口，導致當地農產品幾乎都沒有包裝，她雖然不懂農業，但過去的經歷還蠻好用的，能想出各種結合手作、紙藝、陶藝的行銷點子。

　　例如：當地蜂蜜、椰子油大都用回收玻璃罐裝瓶後，貼個簡單標籤就擺上貨架了；香草茶也幾乎是原料型態出售，林豔萍在大嘆可惜之餘，經常和蜂農舉行高「蜂」會，把國外的資訊找來告訴農夫，蜂箱打開不是只有蜂蜜可賣，被農人隨手丟掉的蜂膠和蜂王乳價格才驚人。當她把身上帶的一小瓶蜂膠遞給農夫，農夫聽到蜂膠昂貴的價格都驚訝不已。

　　林豔萍更教農夫要做產品區隔，像臺灣有桂花蜜、龍眼蜜、蘋果蜜，聖露西亞花果也很多，可以採行此法產製特色商品。而椰子油和香草茶，若能和精緻的手作實用布袋或竹籃搭配，也能升級到禮品的等級。種種好用又具巧思的點子，都讓農夫如獲至寶，加上後來農業部門主管獲悉後大感興趣，主動找農業電視台及農業電台配合報導，讓林豔萍覺得自己有所貢獻。

（左）有了到中美洲當海外志工的經驗，2017 年 12 月，林豔萍第一次嘗試單獨在中美洲自助旅行，尼加拉瓜民宿老闆熱心帶她到美麗的教堂屋頂，這裡被聯合國列為人類文化遺產呢！（右）第一次看到新鮮且五顏六色的咖啡豆。

廣結善緣、隨遇而安
改變固著想法是最大收穫

　　「這一年中，看似農民大有收穫，其實我的收穫更多。」原本就是熱愛自然的荒野協會志工，林豔萍說，她在當地看到很多過去在臺灣沒看過的植物和花朵，加上聖露西亞四周環海，海底美景令人驚嘆。島中間有山有樹，天然環境很好，幾乎每個周末她都會到離家十多分鐘的乾淨海灘游泳，真的好開心。

（左）2018 年 2 月，林豔萍第二次單獨自助旅行，前往尼加拉瓜名勝「南聖胡安」（San Juan del Sur）享受騎馬快跑的樂趣。（右）林豔萍為可可棒生產者設計的包裝，包含手作紙外盒和標籤，在聖露西亞的農產品展售活動中大受好評。

「在離開前我自己出資學潛水，還取得一張國際潛水執照，真是不虛此行。」

　　更大的改變是，過去凡事要求盡善盡美的林豔萍，因為一趟聖露西亞國際志工旅行，不再執著於非要做到一百分才能交差。「如今我只要做到十分就覺得很棒了！」林豔萍了解，這裡是他鄉國度，自己再待幾個月就離開了，帶的又不是國際級團隊，沒有資源、後援，凡事從零開始，不可能短期內建立完整的體系，但她相信，只要開始做，改變和轉動就會悄悄進行。

　　至於國合會對國際志工的生活補貼，林豔萍笑言：「全部

花光了，也交了不少朋友。」一個月七百美金，對物價高昂的聖露西亞而言，僅僅夠用而已，不能和過去外出旅行總是吃好住好相提並論，但因為凡事都自己動手作，加上居處寬敞又有大庭院，林豔萍經常吆喝各國志工齊聚她家吃喝唱歌，其中一位日本志工是女高音，美妙的歌聲常吸引住在二樓的房東都帶著錄影機下來同樂。

而這些國際志工也都不藏私，每每在林豔萍需要幫手時，有能貢獻美術才華的，做卡片、教包裝、做節慶燈籠罩；有能帶動氣氛的；有會說多國語言的，工作時大家互相支援，放假日一起開心出遊，每天都過得歡樂充實。

海外志工凡事都得自己來
需獨立自主、體力不能太差

2014 年回到臺灣後，休息了一年多，2015 年底，林豔萍再次出發前往尼加拉瓜，協助臺灣派駐當地的農技團進行三個月的菜豆（紅豆，是當地人的主食）專案評估。

在那三個月中，林豔萍再次突破自己的極限，自己上網去租度假屋、學搭野雞車，幾乎只要一放假就到處玩，潛水游泳、在海邊騎馬、爬山越野……「想當國際志工，體力不能太差。」林豔萍描述當地路況很差，坐車一路顛簸幾小時，下雨也照樣工作，不可能跑去躲起來，所以太嬌嫩可能受不了。

　　2016 年回到臺灣完成評估報告後，林豔萍回歸平凡的退休生活，在財務沒有後顧之憂下，她學瑜伽、定期到健身房報到，也繼續上網學西班牙文。同時也到一個非營利組織當小班制新住民媽媽的生活華語教師及新住民子女的課輔老師，日子依然過得緊湊充實。2018 年 11 月，她再度踏上征途，前往中美洲宏都拉斯，迎接新的志工任務，她也相信，有生之年，只要體力允許，自己會一直單飛在國際志工的旅途上。

退休族申請海外志工，該具備哪些技能？

50 歲以上的志工多半擁有豐富的人生閱歷、專業技能和非凡耐心，也深諳人情世故，善於整合及運用資源，雖然體力和熱情或許不如青年志工那麼豐沛，但還是有愈來愈多單位樂意接納退休族申請做海外志工。

專門招募海外志工的國家合作發展基金會，目前一年固定會辦理兩梯次長期志工招募，每次幾乎都會有至少 1～2 位退休人士報名，這些報名者年齡平均約 55 歲，具備各式專長，主要服務的項目雖然集中在農業、教育、資訊、公衛或環保領域，但實際上專案內容大多是整合式的，多元背景的人才反而更吃香。

國合會發現，通常這些社會閱歷豐富的退休族群，待人接物圓融、處事沉穩且經驗豐富，而年輕的志工則反應靈活、開創力強，兩邊各有所長。如果讓退休族群搭配較為年輕的志工一起合作，一個提想法、一個提做法，互補性強，常可以激盪出不同的火花，兼顧創新與務實。

必備技能 1
擁有健康的身心

由於國合會志工派駐的地點多為發展中國家，其醫療便利性與發達程度均不及我國，所以不論報名志工者年齡為何，除了要

有符合需求的專業能力外，還得擁有健康的身心。

必備技能 2
語文能力不能太差

　　國合會很重視志工的語言能力。由於志工依其性質不同，服務時間由數月至一年不等，擁有良好外語能力，較有利於溝通，能讓服務推動更為順利。語言能力則會視各志工需求而有所不同。一般來說，英語能力至少需要全民英檢中級以上程度，如欲前往西語系國家服務，建議至少需有西語 Dele 語言能力測驗 A2 級程度。

　　志工赴海外服務期間，國合會會依照派駐國家物價不同，給予不同數額的生活津貼，這筆津貼雖不多，但絕對足夠志工維持海外基本生活所需，也讓志工在海外從事服務時沒有後顧之憂。不過，國合會還是會建議有意前往海外擔任志工者，出門在外，身上多少還是準備一點錢，做為自己的緊急預備金，至於究竟該準備多少錢則因人而異。

　　國合會認為退休族群不必擔心服務項目不符的問題，因為幾十年豐富的工作經驗累積，相信大部分國合會的服務內容都蠻適合的，退休族大可不設限的勇敢走向國際，讓自己擁有更開闊的退休生活。

PART 3

加入團體
與樂齡族一起追夢

青銀兩代跳街舞，體力變好、更自信！

　　許多年輕人常會抱怨自己跟父母親沒話聊，長輩也常碎念聽不懂年輕人的音樂、看不懂年輕人跳的舞，有時因為代溝，生活難免有摩擦，但只要放下成見、共同培養親子間的興趣，像動手動腳嘻哈娘舞團裡的成員們一樣，青銀兩代一起玩嘻哈、跳街舞，就能在增進親子關係的同時，愈活愈年輕，擺脫一成不變的生活，扭轉中年發福的命運……

　　由台北仁濟院與仁濟院安老所主辦的「青銀嘻哈街舞大賽」2018 年邁入第二屆，這個活動的特色是由年輕人跟長者一起組隊報名比賽，前三名還有獎金可領。仁濟院社會服務室主任陳穎叡表示，其實仁濟院一直以來都在推展青銀互動、世代交流的概念，除了鼓勵年長者拓展更多可能性，也想打破社會對

新光盃熱門街舞大賽，同樣演出舞團的招牌「後宮媽咪」。

阿粉（左）今年 54 歲，是個上班族，舞齡約 14 ～ 15 年。和女兒 Ruru（右）一起學舞後，感情更好了！連親戚都常開玩笑說兩人不像母女，像姊妹花。

老人的刻板印象，在進一步接觸之後，將會發現老者可以做到的事其實很多。

　　這次參賽的十組隊伍中，有些是學生到老人關懷據點教舞，進而組成的隊伍；有些則是主辦單位幫忙媒合，像是親子專家吳娟瑜也有報隊；另外也有自行組隊的，每隊的情況都不同。面對未來高齡化的趨勢，主辦單位希望青、銀世代都能從中有所收穫與相互了解。

　　動手動腳嘻哈娘舞團，這次以「後宮媽咪」的曲目贏得冠軍，也參加萬巒豬腳盃街舞比賽，贏得第三名的佳績。這是一

個 8 人組成的舞團，裡面除了一位 28 歲的 Ruru 之外，都是 50 ～ 60 多歲的媽媽、婆婆、奶奶，年紀最大的杜寶琴今年 64 歲，已經有三個孫子了！

這個世代的人在年輕時沒有所謂的街舞，當時只有比較輕快的熱門舞曲，而以前的民風比較保守，很多人會直接把「跳舞」聯想成「不正經」。團員「阿粉」今年 55 歲，已經跳了 15 ～ 16 年的舞，她分享說，即便到現在，都還聽過別人說：「查某人去和別人跳蝦米舞？（臺語）」表現出一種對跳舞輕蔑的態度。

但是跳了十幾年舞的阿粉認為，如果已經跟別人講清楚，別人還是無法接受的話，只要自己有自信就好了，何必在意他人眼光！

婆婆媽媽跳舞好處多
還能增加自信心

舞團老師周偉誠（芋圓）帶了這個舞團十幾年，他說，一開始是一群婆婆媽媽帶小孩來上課，上久了之後自己也組了一個團來跳，沒想到一路就跳了十幾年。問他教小孩跳舞和教大人跳舞，有什麼不同？他認為，年長者需要更多鼓勵，才容易展現自信。而且現在的街舞比賽，更強調表演的故事性、完整性，譬如這次的曲目「後宮媽咪」就是以近年很夯的宮鬥劇作

為了讓表演更盡善盡美，動手動腳嘻哈娘舞團成員們拋開年齡枷鎖，穿上改良版的和服，露出修長美腿，表演日本風格的「和風媽咪」。

背景來編的，長者跳舞不強調技巧的難度，但要加上肢體、表情的展現力，才能把故事張力發揮出來。

「表演能力」對台上的舞者來說是最難的，要在眾目睽睽之下不能出錯地舞動肢體，還要表演出情緒、情感，這可不是一朝一夕可以練成的！只要一緊張，表情僵硬、肌肉抽動、忘記動作都是家常便飯。囂張、溫柔、狂野……這些情緒，平常要表現就有些難度了，現在還要搬上舞台表演，更是一種挑戰。如果沒有足夠的自信當基底，很容易就會亂了陣腳。所以上台表演，真的是鍛鍊「自信」的一種考驗。

杜寶琴（左一）、阿粉（左三）練舞後，不僅身體變得更好，也更有自信，穿起亮晶晶的舞衣和年輕的 Ruru（右三）站在一起，一點也不遜色！

　　她們雖然是業餘舞團，但每週有三天晚上練舞，其中一天上課 2 小時，另外兩天相約到公園複習，以運動量來說算是非常足夠。阿粉笑說，以前只是這樣每週上課，沒去比賽，現在常比賽之後，越來越有自信；雖然比賽的重點不在得獎，但比賽經驗真的可以增加自信心。學舞有很多好處，除了心態會變比較年輕以外，也會比較注意身材，當然也不會悶在家裡、缺乏人際互動；

動手動腳嘻哈娘舞團不只有阿粉和 Ruru 一對母女檔，杜寶琴（右）的女兒 Claire（左），以前也是舞團成員之一。

大家還會相約一起出去玩，分享生活經驗、變成姊妹淘，生活也變得更豐富。

罹癌後靠團員鼓勵找回動力
一群好姊妹，相約跳到 90 歲

　　相約跳到 90 歲，不只是一種對跳舞熱愛的情懷，更重要的是，有一項寄託可以讓自己專注，超越年齡的限制，而且可以有一群知音共同實現一個夢想。這種感覺，應該人人都期待！

　　年齡最長的杜寶琴，已經是三個孫子的婆婆了，因為家裡有

不管是穿著酷炫的迷彩服耍帥，還是換上旗袍和過膝鞋，演繹後宮的媽咪，動手動腳嘻哈娘舞團成員對表演的熱情和活力一點都不會輸給年輕人。

開工作室，目前在工作室幫忙，舞齡也長達十幾年。她分享說，2017 年「意外發現」罹患第三期淋巴癌，一開始衝擊很大、無法接受「這麼養生的自己怎麼會罹癌」，還曾問過醫生說：「我也有在運動，為什麼我還是得癌症？」對自己的生活方式失去了信心。

但醫師回答她：「不要這樣想！罹患癌症的原因很多，其實每個人體內都有癌細胞，只是有沒有演化成癌症而已。或許就是因為你有規律運動，所以化療後

的副作用才這麼輕微。」

　　杜寶琴化療結束後休息了約半年，正好趕上青銀嘻哈街舞大賽，她覺得很有成就感。這次罹癌，昇華了杜寶琴對疾病、養生的看法，她說：「我也覺得是運動讓我恢復得比較快，但不論究竟是不是，有規律的運動習慣，都讓我對『要健康』的信心更加堅定。」她接受記者採訪的這天，早上八點多就到醫院檢查，一直到晚上快十二點入睡，仍自覺精力充沛；她說自己每天走 7000 ～ 8000 多步，而當天走了 1.5 萬步，也不覺得特別疲乏。

　　她的化療總共六次，前幾次因為還在「難以面對」的情緒裡，當時並未讓姊妹們知道，也找藉口暫停練舞；第四次化療後，就開始跟姊妹們坦白，並一同出遊散心，心境不再被疾病所限制，也開始以平常心看待「罹癌」這個遭遇。「以後癌症會像感冒一樣，只要治好了、定時追蹤就好，不必把它看得太嚴重。」在過程中，她很高興有這樣一個團體給她精神上的支持。

新手別怕年紀大、跟不上
掌握跳舞技巧，就能避免受傷

　　記者請杜寶琴給同齡者一些建議，她說：「活到老，學到老，現在這個年紀不出來，未來還有多少時間？」有些人擔心跳街

舞會傷膝蓋，她說：「我之前學過國標舞及其他舞蹈，發現只要掌握舞蹈的技巧，就能減少受傷的風險。」問到每週運動三天，會不會累？她說：「沒學舞前，做些家事就覺得累、身體痠痛，但現在可能體力變好，反而不會了！」

杜寶琴說，在上課的前半小時，芋圓老師會帶一套從頭到腳的暖身動作，她感覺這樣的伸展、肌肉訓練，運動及舒展的效果比純粹排舞來得大。芋圓老師提醒，運動前的暖身非常重要，年長者跳舞時，不論做任何動作都要量力而為，不要特別冒險，硬要嘗試高難度動作。

而阿粉也鼓勵想學舞的同齡者：「很多新手一開始跟不上是正常的，請不要害羞；要漸進式地跟上，臉皮要厚一點，敢秀、表情豐富都是需要勇氣跟練習的。老師教我們說，表演就是表現一個態度、勇氣！」

動手動腳嘻哈娘舞團，她們的生活態度，是在快樂中保持健康，同時也因為健康的生活方式，又對「健康生活」的觀念更有信心，是一種正向循環。的確，當年齡增長限制了一個人的活動力越多，信心的減損就越大；但是，用些技巧、結合知識與方法，就會發現，原來大部分的「限制」都是可以突破的，原來生活的空間還有這麼大！不是年長就一定會腰痠背痛、不能走、不能蹲，即使年長，生命的畫布還是可以畫上絢麗的色彩。

長者跳街舞該注意的事！

　　中華肌內效協會理事長暨國泰醫院物理治療師簡文仁說，長者跳街舞要注意三種身體元素，分別是「平衡」、「協調性」跟「肌力」。因為街舞的動作多元、速度有快有慢，在動作轉換之間，如果其中一項能力不足，就容易產生運動傷害。然而，平衡、肌肉能力是較容易訓練的，但協調性與天分的相關性較大；協調性不佳的人，可以漸進式地透過練習來改善。重點是趣味性，而不要強求技巧，以免增加運動傷害的風險。

提醒 1 》膝蓋、骨盆確實暖身

　　街舞中有許多地板動作，常需彎膝，雙腿也要有足夠

跳街舞前，膝蓋、骨盆一定要確實暖身以免受傷。

91

的開展度和穩定度，才不容易失去控制而受傷。所以膝蓋與骨盆要確實暖身、伸展，若膝蓋不適，不必勉強蹲下。

提醒 2 》循序漸進，不宜逞強

簡文仁也提醒學街舞的人，腰椎（附近肌肉）的使用要避免長期限於固定、僵化的模式。臨床上常見街舞引起的腰椎傷害，多肇因於活動度不平均，致使某一節腰椎長期受力，或被壓迫，就容易產生椎間盤突出或脊椎滑脫等問題。提醒在訓練過程中，要留意腰椎各節的活動性，盡量讓各節腰椎都均勻使用到。

最後，簡文仁提醒，原則上不鼓勵年長者因一時衝動學街舞，畢竟它的變化多，難度相對較高；但相較來看，舞齡長、運動經驗較多的人，受傷的風險相對也較小。如果是初學者，請一定要從最基礎的動作、節拍開始循序漸進，不宜躁進、不宜逞強，以免受傷。

街舞常有單腳平衡的動作，練習時勿逞強，要量力而為。

誰說老了不能跳芭蕾？
爺奶組飛松舞團勇敢追夢

　　年過半百才開始學芭蕾，對很多完全沒有基礎的人來說是種考驗，相較於年輕的芭蕾初學者，年長者學芭蕾要克服的困難較多，但這不代表老了就不能穿漂亮的芭蕾舞衣表演！坪林松年大學的飛松舞團是由一群平均年齡80歲的「銀天鵝」組成，創立17年來每週一次聚在一起練舞，大家愈練愈開心、愈練愈年輕，常受邀到全國各地演出，阿公、阿嬤的熱情活力也感染其他銀髮族，要動出健康、舞出快樂……

不管是流行舞蹈、民俗舞蹈，還是芭蕾舞，都難不倒坪林活力滿滿的爺爺奶奶們！

茶舞與老爺爺的反串芭蕾。跳舞的爺爺奶奶說：「採茶是我們的生活，但銀白的芭蕾舞衣也讓我們充滿驚奇！」（正中央穿紅衣者是 90 多歲的梁阿要）

　　新北市坪林國小的操場上，飄蕩著流行樂曲的旋律，三排整齊、約莫 20 ～ 30 人的隊伍，正跟著台上的老師擺動身體；仔細一看，全都是滿頭白髮的老先生和老太太；在微涼的風中，大家專注地在舞動著，沒有人喊冷喊累，也沒有人戴帽子或圍巾。這是他們每周一次、每次兩小時的舞蹈課……

　　這個成立超過 17 年的飛松舞團，團員約 30 位、平均年齡80 歲，目前年紀最大的是 91 歲。團員休息時，站姿挺拔、移步自如，沒有佝僂駝背，即使跳完中快板的樂曲，也沒有人氣喘如牛。如果不看髮色，光看氣色、神態與體姿，還以為他們

最多 60 多歲。

　　坪林是一個茶鄉、一個丘陵環繞的小城，坪林國小就在老街附近，除了舞團裡這些住在附近的老先生、老太太以外，還有很多年長者住在山上。坪林區是新北市高齡化第三高的行政區，65 歲以上長者現在已占總人口約 23％、有 1500 多人，對坪林來說，「樂活老化」不只是願景、口號，而是每天都在做的事。

在茶園中舞芭蕾
飛松舞團，非常舞團

　　已經跳了十幾年的舞，但「飛松舞團」是這幾年為了出外表演才取的名稱，源自於臺語的「非常」，飛松舞團就是「非常舞團」的意思。坪林鄉親以前跳的是廣場式的土風舞，但後來隨著老師更換，嘗試過的舞風還包括流行舞、民俗舞蹈；但曾經被媒體報導過，他們也最愛提起的就是「那件芭蕾舞衣」！

　　坪林距離臺北市蛋黃區約 40 ～ 50 分鐘車程，卻是個截然不同的遺世獨立之地，這裡的麵包店只有一間，多數的人都以茶維生。坪林區區長施明慧說，這裡的老人很多都採茶到 80 多歲，有些人到了 90 多歲真的行動不便，仍繼續在家裡幫忙撿茶枝。這是一個鄰里相聞、充滿人情味的地方，日復一日重複著踏實又規律的農家生活；「退休」對他們來說，並不是個太有

感覺的名詞。

幾年來，飛松舞團有多次機會出外表演，也曾到安養院去表演給長者看。或許動作比不上專業舞者，但能夠扮演成另一種角色，讓自己跟大家看看，原來生活還有另一種可能，團員都覺得有趣，也更有自信！而說起飛松舞團的經典壓軸，就是「反

78 歲的飛松舞團副班長林寶珠曾因椎間盤突出，穿戴過一陣子的護腰，後來靠著跳舞復健，成功擺脫護腰的束縛。

串芭蕾」，老先生頭上紮起白色羽毛、穿上白色褲襪與亮晶晶的蓬蓬裙，跟大家一起同樂、博君一笑；問他們會不會害羞，他們依然面不改色、平靜地說：「習慣了就好了。」

施明慧說，坪林的老人家愛唱歌、愛音樂，農閒時會有人拿出二胡、管蕭等樂器彈奏，幾個人合起來就組成了一個樂團。採茶時，常常一邊工作、一邊唱「相褒歌」，這是類似歌星張帝唱的那種即興填詞的歌曲，一邊唱一邊訓練頭腦的反應力。所以這裡的長者自然而然就愛唱歌，有些人唱久了也跟著學起舞來，對舞蹈產生了興趣。

前坪林鄉鄉長梁金生擔任獅子會理事長時，媒合獅子會贈送了舞團一套芭蕾舞衣，雪白、優雅、浪漫，長者們一有機會，就喜歡穿著它上台表演。施明慧笑說，現在銀髮芭蕾舞，已經成為坪林的另一大特色。

跳舞當復健
同齡者作伴更有勁

舞蹈老師王靜嫻分享說，剛開始來接這門課，聽說學員是年紀大的長輩，原本想教緩和的養生運動，但沒想到學員們說「不要跳慢的」，只好改選中快板的樂曲。

王靜嫻說，別看學員年紀都很大，因為中快板的曲子跳了很多年，其實只要避開轉圈的動作，避免暈眩，基本上各種舞風、動作，他們的接受度都蠻大的。在膝蓋方面，一團約 30 個人中，大概只有 5 個人需要避開蹲的動作，其他人都沒有這方面的困擾。

78 歲的「副班長」林寶珠，腿跟年輕人一樣挺直，站姿一點都沒有駝背的樣子。上了十幾年課的她分享說，跳舞之後覺得體力變比較好，以前得過腦瘤、開過刀，但後來恢復得很快。而 84 歲的「班長」蔡有命先生一年半前才跌倒、行動受阻，可能是腦部有受到影響，剛開始前 1 ～ 2 個月竟認不出以往的熟人；但現在已經活動自如，看不出來有行動不便或動作不協調

的地方，認知能力也恢復正常。他們都認為恢復力強與長年維持運動習慣，有很大的關係。

林寶珠曾因椎間盤突出而腰痛，穿戴過一陣子的護腰，但上課時，老師建議她拿掉，並從簡易的動作開始嘗試，以免長期保護過度，反而讓肌力減低，結果後來她適應、復原的狀況也很順利；跟其他地區的同齡者相比，這裡的老人身體勇健很多。

84 歲的飛松舞團蔡班長（左下角）半年前跌倒、行動受阻，但現在已經活動自如，他認為恢復力強與長年維持運動習慣有很大的關係。參與社區活動後，還開心的跟舞蹈老師王靜嫻（後）合影。

對阿公阿嬤來說，一起上課也是社交活動，不必隨著年齡增加而縮小生活圈。身為副班長的林寶珠笑說，她常鼓勵朋友走出家門，一起來跳舞，不要悶在家裡；來這裡一起談天說地，生活才會快樂、豐富。

坪林區 65 歲以上長者比例約 23％，已超過「超高齡社會」

20％的門檻；平均每四個人中就有一個是 65 歲以上長者。如果可以維持老者的身心健康，鼓勵老人家像坪林的老人們一樣「樂於活動」、「樂於接觸人群」，甚至成為地方上的一個「寶」、一個特色，這種狀態不論對年輕人或整個社會來說，都是種福氣！

　　以飛松舞團為例，這群爺爺、奶奶出生在近一個世紀之前，在坪林經歷了這麼久的歲月更迭、人事變化，即使高齡，也沒有停下腳步，反而在生活中持續探索新鮮事，嘗試各種不同風格的藝術表演；老爺爺們即便反串也不覺得害羞，願意把歡樂散播給他人，這就是一種生命力的表現。

　　不論何時、不論年紀、不論看過多少人事變遷，只要你想，生活中永遠有樂趣等著你去發掘，也永遠有機會，演繹不同的自己！

（圖片提供／新北市坪林區公所、游清福）

跳長青芭蕾該注意什麼？

成人的筋骨不可能像小孩一樣柔軟，若年過 50 想學芭蕾舞，必須注意什麼事？

中華肌內效協會理事長暨國泰醫院物理治療師簡文仁說，芭蕾舞對體姿的要求很高，並「不鼓勵」長者學專業的芭蕾舞；如果想學，不用強求要站到標準的 180 度腳位，也不必勉強彎腰下蹲，只要盡可能伸展，保持挺拔、優雅

成人的筋骨不可能像小孩一樣柔軟，若年過 50 想學芭蕾舞，必須注意什麼事？

中華肌內效協會理事長暨國泰醫院物理治療師簡文仁說，芭蕾舞對體姿的要求很高，並「不鼓勵」長者學專業的芭蕾舞；如果想學，不用強求要站到標準的 180 度腳位，也不必勉強彎腰下蹲，只要盡可能伸展，保持挺拔、優雅的動作即可。跳芭蕾的重點是要「開胯」抬腿，所以要多做髖關節活動跟伸展，以增加活動度、減少錯誤使用與運動傷害。

提醒 1
不勉強站標準的 180 度腳位

　　理想中的芭蕾站姿，是胯外轉使雙腳間呈現 180 度的夾角，如果髖關節的柔軟度不夠，長久練習容易產生膝或踝關節的問題，所以不建議長者站到標準的 180 度腳位。

提醒 2
身體要向上挺拔

　　芭蕾常有踮腳動作，全身、尤其上半身是要向上挺拔的。

提醒 3
要暖身，增加
髖關節活動度

　　作法是單腳固
定腳跟，腳尖向
內、外輕鬆旋轉，
可當成暖身動作或
平常多練習。

提醒 4
多伸展髖部

　　坐在地上，雙腳盡量張開，膝蓋盡量打直、朝向天空，使
用上半身肌肉向前伸展。如果身體無法像示範圖般伸展到很前
面，就量力而為，但不要駝著背硬壓。做此動作目的是讓髖部
附近的肌肉舒展，可當成跳舞前的暖身，也可平時多練習。

PART 4
找對休閒運動
動出樂活力

樂齡族，怎麼運動才健康？

年過 50 的樂齡族和銀髮族，常利用周末運動嗎？如果你是「周末運動員」，可要當心成為運動傷害的高危險群！想避免運動傷害，「暖身」和「收操」是不二法門，但怎麼做才正確呢？

隨著科技發展及醫療進步，人類的平均壽命愈來愈長。想要維持健康，運動不可或缺，但對於身體逐漸老化的樂齡族而言，建立正確的觀念，才能真正「活到老，動到老」。究竟上了年紀以後，該如何挑選適合自己的運動？又該怎樣避免運動傷害？

週末運動員傷害多
慢跑、登山是常見凶手

許多人生活忙碌，平日難抽空運動，會趁著假日拚命運動，想將一週的運動量補足，這些「週末運動員」很容易運動過量而受傷。不少 50 歲以上的樂齡族，重視自我健康，也常落入「週末運動員」的迷思，反而造成運動傷害。

高雄醫學大學運動醫學系副教授林槐庭指出，週末拚命運

動只是在心理上安慰自己有達到運動量，長期來說，對於身體健康反而有害。尤其隨著年齡漸增，心肺功能下降、肌肉質量降低也容易造成肌力減弱、骨質流失、柔軟度降低、關節軟骨的強度及平衡能力變差，韌帶中的膠原纖維也會逐漸變得脆弱易斷，這些生理變化都易讓人產生運動傷害。

　　根據一份美國 2013 年針對 70 歲區間族群做的研究指出，高達 14％的長者曾發生運動傷害，其中下肢受傷的比例更達41％。林槐庭副教授分析，樂齡族多半知道打籃球、快跑或是踢足球等較激烈及高碰撞的運動容易受傷，所以，實際上最常發生運動傷害的，反而是一般人認為較溫和的慢跑、登山及騎

腳踏車等，受傷部位以膝關節、小腿及足部居多，較嚴重者會產生心臟問題。

林槐庭副教授建議想運動的年長者，最好先經過醫生或是用評估量表評估心肺功能、平衡能力、肌力，再從事適合的運動會更安全。

振興醫院復健醫學部陳祐榕物理治療師則表示，要避免運動傷害，年長者運動的心態很重要，不要用盡全力去運動，若運動後超過一天以上仍會肌肉痠痛，表示強度需要下修。

避免「運動傷害」
循序漸進、暖身、收操不可少

50 歲以後，運動切忌逞強，運動強度一定要循序漸進，平常沒運動習慣的週末運動員，要如何開始運動呢？

林槐庭副教授提醒沒有跑步習慣的人，可先從健走開始；持續走一陣子後，若沒有關節疼痛或肌肉痠痛，便可嘗試邊跑邊走；若沒有心臟不舒服或很喘的現象，則可嘗試慢跑。跑步速度以有點喘，但還可以講話為基準，並適時評估及調整速度。平時也可以多爬樓梯，除了能伸展肌肉外，也能訓練心肺功能；另外，可做開合跳、簡單的肌力伸展運動、單腳站立等平衡訓練動作，都可以促進心肺及肌肉功能。

陳祐榕物理治療師則鼓勵年長者多到戶外走動，不僅達到

運動效果，也可以藉由外界環境刺激神經控制及訓練反應，如果不喜歡曬太陽，瑜伽和水中運動也很適合年長者。她尤其推薦年長者從事水中運動訓練肌力，例如在水中前走、後走或側走，單腳站定旋轉、划水、上下撥水等動作，速度不用很快，都可利用水的阻力溫和地訓練肌力。若是到健身房運動，使用滑步機或是推腿器也頗有助益。

　　想避免運動傷害，暖身及收操絕對不可輕忽，透過適當的伸展運動可避免肌肉拉傷。林槐庭副教授說明，暖身的目的是將身體帶入適合運動的狀態，包括提升肌肉與肌腱、韌帶的溫度及柔軟度。此時血液循環會提升、攝取氧氣的速度會增加，心肺功能也會提升，讓肌肉、神經適應活動，以準備運動。陳

暖身伸展前先熱敷，事半功倍？

　　高雄醫學大學運動醫學系副教授林槐庭解釋，熱敷的目的是提高肌肉的溫度，讓較多血液流至肌肉，提高肌肉彈性，使其適合伸展，其功能跟暖身運動相同。建議熱敷時不宜溫度過高，大約攝氏 42 度，也不宜超過 15 分鐘，以免皮膚燙傷。熱敷時可在熱敷墊或熱水袋與皮膚之間，墊一條毛巾以避免過熱。最理想的狀況是，熱敷部位要涵蓋整條肌肉，避免整條肌肉組織的變化不同。

　　祐榕物理治療師建議，暖身 5 ～ 10 分鐘後感到體溫略為上升、心跳略為加快，便達到暖身的效果。

　　運動後的收操則是讓處於運動狀態的身體逐漸緩和，降低心跳及血流，讓緊繃的肌肉能夠舒緩，幫助身體清除運動所產生的廢棄物，如乳酸等，可以減輕疲勞，避免運動傷害。陳祐榕物理治療師提醒，收操後應該要感到身體柔軟度有變好，並且沒有肌肉的抵抗感。建議要把握身體還暖和的時候，進行收操，最好是運動後 10 分鐘內馬上做，若超過太久才做，效果會變差。

　　林槐庭副教授提醒，伸展運動的角度應由小而大，伸展關節數由少變多，伸展時肌肉感到輕微疼痛或緊繃即可，若過度伸展容易造成肌肉拉傷，伸展操比較建議採用動態伸展，能夠讓肌肉適應運動的狀態，而收操時比較建議靜態伸展，以回復運動前的肌肉彈性。每個伸展動作約維持 15 ～ 30 秒，做 3 ～ 4 回合。

運動傷害後這樣做
動態人生不中斷

　　許多人發生運動傷害後，常有「先休養一陣子不要運動」的想法，然而，運動習慣一旦被破壞，久沒運動，很容易不想再動！其實，運動傷害後若處理得宜，仍然可以維持運動習慣。

　　林槐庭副教授表示，剛發生運動傷害時，一定要先休息並積極尋求治療，避免傷害進一步惡化。在發炎期後，可以尋求運動治療，一方面保持運動習慣，另一方面刺激組織的生長恢復，可以做一些在不痛範圍內的關節運動、輕微的伸展、肌力強化運動，可先從固定姿勢時練習肌肉用力，接著適度加一些重量做動態訓練，若可以承受，再做一些阻抗訓練。

　　受傷後 2 ～ 8 周可以進行平衡訓練，6 ～ 8 周後則可以進行敏捷性及功能性的訓練，唯有讓受傷部位完全恢復，才能夠避免再度受傷。此外，在休息期，可以做一些受傷部位以外的

運動，避免因為休息，使其他肢體的肌力下降。

　　要重新開始每日的運動時，一定要在運動前熱身，但可避開跑跳的動作。開始運動時，切勿操之過急，一開始每次 10 ～ 15 分鐘，再漸漸增加至 20 ～ 30 分鐘，若不會疼痛，最好維持每周至少 4 次、每次 30 分鐘的運動。

「暖身操」和「收操」差在哪？

　　高雄醫學大學運動醫學系副教授林槐庭說明，暖身操的目的是提升身體溫度，讓心肺功能及肌肉狀態接近運動時的情形，所以暖身操一開始可以用小跑步或是跳躍動作來提高心跳率、增進血液流速，直到稍微流汗為止。接著，進行關節運動，活動範圍由小而大，讓關節適應運動的狀態。之後再進行伸展運動，讓肌肉能夠保持彈性，適合運動收縮，最後再以短距離衝刺，提高心肺能力。

　　反之，收操是為了讓運動狀態的身體逐漸緩和，所以一開始先以較慢的運動狀態，如走路或是慢慢騎腳踏車，讓心跳速率及呼吸緩慢的降低，接著對於運動時緊繃的肌肉進行伸展，可以幫助恢復肌肉彈性及柔韌性，加速清除因運動所產生的代謝物，最後可以搭配冰敷，避免肌肉痠痛及受傷。

物理治療師帶你一起暖身和收操！

動作設計及示範／振興醫院復健醫學部陳祐榕物理治療師

★暖身

1. 原地踏步：約一秒一步的速度，可作 3 分鐘。

2. 前後踏步：約一秒一步的速度，可作 1 分鐘。

3. 轉身運動：左腳抬起時，上半身跟著往左邊轉動，反之亦然，可作 1 分鐘。

4. 蹲姿訓練：留意小腿與身體保持平行，臀部往後，向下
蹲 10 下，每次約停留 3 秒。

5. 肩繞圈：脖子不動，肩膀前後轉動各 10 圈。

★收操

1. 臀部伸展：平躺，一腳放平，一腳舉起手抱大腿，膝蓋靠近胸部伸展臀部，停留10～15秒，左右腳各作3～5下。

2. 腿後肌伸展：平躺，一腳屈膝，一腳向上伸直、手抱大腿，伸展大腿後肌，停留10～15秒，左右腳各作3～5下。

3. 腿內側伸展：坐姿，背打直身體往前，腳掌相對，手扶著腳，停留0～15秒，做3～5下。

4. 大腿前側伸展：側躺，左手撐起上半身，後背要用力，左手臂、身體軀幹與地面須成三角形，右手抓右腳腳掌，伸展大腿前側，左腳微彎。停留 10～15 秒，左右腳各做 3～5 下。

5. 小腿後側伸展（弓箭步）：站姿，雙腳一前一後站立，腳跟踩平，前膝彎曲，後腳伸直，伸展後腳小腿後側，亦可以手部推牆輔助。停留 10～15 秒，左右腳各做 3～5 下。

‖‖‖‖‖‖‖‖‖‖‖‖‖‖‖‖

10 個樂齡族預防運動傷害的訣竅

1. 選擇合適的運動項目，視狀況調整，量力而為。

2. 保持規律運動的習慣，避免突然大幅增加運動頻率。

3. 運動強度循序漸進，不躁進。

4. 平時可多做伸展運動，增加柔軟度。

5. 平時可多做肌力訓練，增進肌力與肌耐力。

6. 單次持續的運動以不超過 1 小時為原則。

7. 選擇安全的場地及設施，穿著合適的運動鞋。

8. 選擇天色明亮時運動，但要避免中午日曬，也不適合飢餓時或用餐後運動。

9. 每次運動前應先做好 5 ～ 10 分鐘的暖身操。

10. 運動後確實收操及肌肉按摩。

享受大自然，登山前必知的準備要訣

　　臺灣擁有不少秀麗山林，近年來登山風氣熱絡，尤其不少退休族和樂齡族更是把「登山」當做假日必備的休閒行程之一。患有三高的樂齡族，可以登山嗎？當體力不如年輕時，登山前又該注意什麼？

　　不時出現的山難新聞，難免讓想登山者卻步，就像前台新金控總經理林克孝在攀登南澳束穗山的一處懸崖時，因枯藤斷裂，不小心墜落山崖，失去寶貴性命；前誠泰銀行董事長林誠一、準內政部長廖風德，則是在走住家附近緩坡步道的途中，因急性心肌梗塞發作，撒手人寰。

提升心肺、膝蓋能力
可降低登山風險

　　登山可以增加心肺功能、增強四肢協調力、強化肌肉關節能力、消耗脂肪，但同時也是耗氧量很大的運動，過程中心跳會加快，呼吸會變喘，因此，登山前必須評估個人心肺功能是否足以因應登山時的負荷。臺北榮民總醫院醫學研究部臨床研

究科主任陳肇文醫師提醒，血管變窄、甚至堵塞、動脈硬化，
或曾做心臟手術者，務必三思而行，畢竟登山會加重心臟負擔，
不但無益健康，反而傷身。

　　登山也是需要大量使用膝關節肌肉和肌腱的運動，必須事
先測試是否足以承受上、下坡的負荷，陳肇文醫師建議不妨先
爬樓梯檢驗一下，如果膝蓋卡卡、肌肉痠軟無力，爬到四樓就
氣喘吁吁，建議提升肌力後再登山。

　　此外，裝備是否完備足以支應所需也攸關安全，有些人隨
意穿著休閒涼鞋登山，常讓山友捏把冷汗，最好備妥裝備再登
山。

　　每一座山的型態不同，陳肇文醫師建議最好挑選沿路指標清楚、空氣新鮮，少潮濕、少粉塵、少落石的登山步道，像中華健行登山會、中華民國山岳協會等政府立案的登山社團所舉辦的登山活動，都會依據難易度、安全度等風險考量進行分級，不妨從中挑選適合的路線，減少不可預測的災變帶來的人身傷害。

登山前須牢記的 4 個注意事項

　　中華民國健行登山會副理事長鄭雅文、台北市健行登山協會理事長李敏雄均是有 30、40 年登山經驗的前輩，經常擔任登山嚮導，他們提出以下建議，提醒新手山友維護安全。

1. 慎選登山夥伴

　　李敏雄呼籲新手最好跟隨政府立案的登山社團同行較安全，他舉中華民國健行登山會辦理的登山團隊為例，登山前會給予行前訓練，包含認識山況、裝備指導；隊伍開拔後，登山熟手人數超過 2/3，新手人數約 1/3，行進時前面會有引導者，中間會有看護者，最後會有保護者，安全性較高。

2. 確認登山等級

　　目前登山有分休閒、健腳及山友三級，欲登山健身的新手，

在登山前需先瞭解是要攀登哪一級的山。李敏雄建議新手先從
8～10公里的休閒步道入門，往返行程約2小時，不會太疲累，
又有健身效果；等到熟悉山況，身體已經適應登山狀態後，再
來挑戰健腳級的登山路線。

3. 確認身體狀態

50歲後的人，體能狀況已不如年輕時，多半有三高或其他
慢性病，鄭雅文呼籲一定要做好健康管理，無論是血壓、血糖
或血脂都應控制在理想範圍，或遵照醫師建議，確定身體可以
承受登山壓力後再出發。

4. 裝備要齊全，飲食要充足

要備齊乾糧、甜食、水、保暖及透氣衣襪、指北針、頭燈
或手電筒、備用電池、哨子、地圖、雨衣、護具等裝備。鄭雅
文登山時，最常攜帶的乾糧是登山餅乾、巧克力，可以馬上補
充體力，而且都會多帶一、兩包，以備不時之需，另外擦傷外
用藥及個人藥物也是必備品。

到公園運動也要留意，才能動得健康！

許多樂齡族或銀髮族會到公園運動，除了可以參加跳舞、氣功等團體，還可以順便使用公園內的健身器材，但你知道嗎？公園內的健身設備看似安全，其實暗藏風險！倘若使用姿勢不正確，可能造成骨折，甚至讓人臥床失能……

公園是許多退休族和老人的聚會場所，不論帶孫子玩耍或與好友抬槓，樹蔭下、水池邊都是最舒適的地方；在公園運動既方便又省錢，散步、慢跑或隨意動一動，都能讓身體舒暢很多。

不過，公園也有很多潛藏的風險，你可能沒想過在公園發生的運動傷害，輕者會殘留舊傷，嚴重的話，可能造成骨折，甚至臥床失能！專家說，公園容易製造運動傷害的主因是「運動觀念不正確」，到底什麼才是正確的運動觀念？

第1招
在公園內慢跑、跳舞
比自行操作健身器材安全

雙和醫院骨科主治醫師陳志華分析：「公園的健身器材並

不適合高齡者拿來『增進體能』，只能當成『遊樂器材』；其實在公園練氣功、慢跑、跳舞等，都比用健身器材安全。因為健身器材是固定式的，長輩如果力量不足或錯誤使用，反而可能被機器的慣性所傷害，像是跌倒或被器材擊傷。」

陳志華進一步補充，骨關節的傷害最嚴重可能造成骨折，有些老人骨折後只能臥床，臥床久了會失能、體能衰退，最後惡性循環。總之，老年人運動絕對不能受傷。

至於慢跑或跳舞等有氧運動，相對安全，危險因素只有場地、鞋子，只要老人家身體協調性不要太差，動作不要太大、太急，受傷機率就不高。

　　其實，公園多設有完整的器材使用說明，但問題不全在器材本身，而是很少有民眾會完整閱讀使用說明。此外，像壺鈴、懸吊式訓練這種有技巧性的健身器材，原來應是在健身房中，由一對一教練教導，現在設置在公園裡，即便民眾模仿了使用說明，還是可能因為自己的經驗、技巧不夠純熟，而造成傷害。

　　陳志華醫師強調，「不建議長者使用公園的健身器材，尤其是有重量的更危險，又因為是自己操作的，受傷了恐怕也很難獲得賠償。」

常見的公園健身器材，你用對了嗎？

1. 上肢牽引器
　　雙手各抓住一條繩子，輪流左右擺動。林郁超教練提醒，速度不要做得太快，以免受傷。

2. 大轉輪

正確用法是單手扶著握把，並「緩慢」繞圈，但許多人常犯的錯誤是「快速」繞圈。雙和醫院骨科主治醫師陳志華提醒，有些肩關節組織沾黏者，做太快非但沒有打開沾黏，還會使健康的組織拉傷。

3. 轉腰器

對於腰部健康的人來說，轉腰器可以活絡腰腹組織，但對有脊椎傷害、肌肉過於僵硬者而言，可能閃到腰或加重傷害。使用時應扶穩中央的固定式扶手，緩慢漸進地左右轉動身體，角度大不一定好，也不宜太用力甩腰。

4. 漫步機

下肢無力、腰部不適者不宜使用漫步機,可能會「軟腳」或加重病情。力格健護中心健身教練林郁超提醒,即便腰腿無不適者,速度也不宜太快,擺動角度也不宜過大,有人曾因此造成大腿撕裂傷。正確方式是雙手扶穩把手,雙腳輪流一前一後擺動。

5. 懸吊式訓練

臺北不少健身公園都有設置了近年流行的「懸吊式訓練」,懸吊式訓練是以身體某部位固定在繩子上,藉著身體的力量保持其他位置穩定,以訓練肌肉能力;但老年人需先評估身體各部位的力量,以免手滑或腳滑掉而受傷。

（攝影／葉語容）

老奶奶深陷危險，你看得出端倪嗎？

下圖這組壺鈴有三種重量，記者實地走訪，雙手出力
也只能舉起最輕的一個，而老太太卻正在使用最重的一個。

雙和醫院骨科主治醫師陳志華提醒，這正是一個容易
受傷的經典案例。圖中的老太太穿了護腰，顯然平時有腰
部不適的問題，若她又以這個姿勢彎腰舉起壺鈴，「真的
讓她舉起來就完蛋了！」因為這個姿勢本來就需要有良好
的腰臀肌肉控制力，腰部已不舒服的人不應該再以此姿勢
舉重，容易惡化受傷處。

（攝影／葉語容）

第2招
安全評估應比照小孩
並考量體能與疾病

陳志華醫師分析，一般給小孩的遊樂、運動設施都考量得很周到，會留意是否有安全認證等問題，但公園內給成人使用的運動設備，卻沒有考慮周全。所謂供成人使用，是指從 10 多歲到 80 歲都可使用，其實這幾十年的體能狀況，差異很大，老年人若要使用，只好靠自己多留心。

最理想的狀況是有專業人員評估每位長者的狀態，來安排合宜的運動，如果不想花這麼多成本，至少要留意自己的體能適合做哪些運動。陳志華醫師舉例，像是膝關節不好、腳無力者，就不要用下肢的健身器材；如果脊椎受過傷或開過刀，就避免使用會扭動到腰部的器材，可自行伸展就好，不要用器材。另外，70 歲以上長者，骨質疏鬆機率高，不建議使用公園的健身器材。

總之，公園的健身器材對年長者來說，只能當成「遊樂器材」，也就是力道不要太強、持續次數不要太久、幅度不宜過大，溫和地玩一玩就好，感到不舒服就要停止。

即便有些器材使用時感覺阻力不大，但畢竟器材本身有慣性，如果使用者的體能很脆弱（例如：骨質疏鬆、肌肉無力），或用得太忘我，或活動範圍過大，身體可能會被器材拉著走，

甚至摔下器材、被打到，傷害就在這類情況下發生。

第3招
負重越重的器材
越要謹慎

嚴格來說，外加重量的器材「並不適合」在沒有專業人士的指導下使用，外加的負重越重，風險也越高。在公園裡常見的運動可概分如下：

1. 低風險運動：快走、練氣功、伸展、慢跑、跳舞等，沒有外加負重的運動，可以當成有氧運動來做。

2. 中風險運動：單槓、懸吊式訓練、漫步機等，以自身體重結合器材的運動，建議民眾謹慎考量自己的體能來挑選。

3. 高風險運動：像壺鈴一樣外加重量的器材，原本立意是為了鍛鍊肌肉，使用不當很可能導致傷害。

力格健護中心健身教練林郁超指出，想在公園好好運動，最重要的不是器材，與其花大錢設置專業器材，不如先給民眾上課，教導正確的運動方法，畢竟使用方法不對，專業的器材也可能造成傷害。「其實運動、健身應該從基本做起，應該先『做對、做標準、不要做太多或角度過大』，做對之後，再增加負重。對於額外增加負重的器材，民眾一定要先讀懂使用說明再做，不然，不如不要使用。」

　　以前面舉壺鈴的老奶奶為例，公園裡其實設有詳細的指示圖，但民眾常沒閱讀，以為可以照著自己的想法做。記者目擊到一位銀髮族把壺鈴從底部順著桿子舉過頭到頂，再放到最底部，這樣來回多次，殊不知，在「彎腰」的過程中，可能已經造成腰部受傷。

　　請小心這類負重器材，必須「嚴格遵守使用說明」，即便是有健身經驗的人也應先閱讀，因為公園的器材多了一根桿子，其使用方式跟健身房的自由式壺鈴不完全相同。

　　其實，如果姿勢正確，不一定需要用這類高級的健身器材，只要使用寶特瓶裝水來取代壺鈴，也可以達到相同效果，尤其

對銀髮族來說，也更安全，有鍛鍊肌肉的效果。陳志華醫師建議「初學者」，可手握一般 600c.c. 的瓶裝水，當手背朝上抓握時是訓練肩部肌肉，手背朝下時是訓練二頭肌。

陳志華醫師指出，國內曾有調查顯示，銀髮族「自覺正確使用」公園器材的比例很高，實際對照正確方法後，才發現多是「自以為」！

銀髮族一旦受傷，產生的後遺症容易造成生活品質大幅下降，一方面是骨關節、軟組織的受傷本來就難以完全復原；另一方面，銀髮族的復原力本來就比較弱，再加上退化等因素，綜合起來，銀髮族受傷成了很麻煩的事。為了不讓運動產生反效果，請記得，不是有運動就等於健康，要學習「正確運動」，才能讓生活更美好。

別駝背拉重物，易傷腰椎

　　「左圖」是正確「提舉重物（又稱硬舉）」的姿勢，挺直背部，背、腰、髖部盡量打直連成一片平面，收緊腹部，以保護腰椎，再用臀、腿的力量將重物拉起。

核心肌群訓練停看聽！

　　有些公園會設置「腳高頭低」的腹肌板，在腹肌板上做仰臥起坐，難度比平躺更高，但雙和醫院骨科主治醫師陳志華提醒，脊椎受過傷的人不適合使用。

　　林郁超教練強調，使用腹肌板的正確姿勢是「上半身微抬高，從腹部到頭頂的線條應呈現微彎」，不要只拉脖子卻沒動到身體，也不必像早期的仰臥起坐一樣整個上半身坐起來，否則會多用了很多屈髖肌群的力量，而沒有真正鍛鍊到腹肌。

　　練仰臥起坐時，不要過度坐起，以免沒有真正鍛鍊到腹肌；起身時也要避免只拉脖子，卻沒動到身體，以免增加頸椎的壓力。

到健身房及泡三溫暖，需要注意什麼？

　　許多民眾加入健身房，除了想要增肌減脂，舒服的三溫暖也是嚮往的原因之一。然而，專家提醒，過熱會造成人體內蛋白質或酵素無法正常運作，導致細胞受傷後產生大量發炎物質，引起全身器官衰竭，嚴重者可能致死。尤其老人較容易在洗三溫暖時，因受熱過久而失去知覺。究竟上了年紀以後，能不能泡三溫暖？可不可以上健身房？

　　美惠一直很享受在健身房跑步、鍛鍊全身肌肉後，汗水直流而下的成就感，常在健身房瑜伽班拉筋、上皮拉提斯課練核心肌群，也讓她覺得體力和年輕時相比，並無退化。沒想到最近健身房會員資格到期，美惠竟被告知因為已超過 70 歲，必須到正規醫院做健康檢查，且「提供身心健康的報告後，還必須加收比其他學員多一倍的會費。」氣得她決定加入另一家健身中心。

　　坊間的確有部分健身房對銀髮族存有偏見，認為年過 70 的人運動風險較高，加上大部分健身房的運動教練對樂齡族及銀髮族的身體機能變化相當陌生，難以正確指導他們運動健身、

保持肌力，因此直接拒絕 70 歲以上的人加入會員的事件偶有所聞。

　　所幸，隨著臺灣進入高齡國家，政府也從去年起推動長照十年計畫，鼓勵國人健康老化，並提供經費，透過職能治療師、物理治療師、體適能指導員、運動防護指導員，深入社區運動中心帶動樂齡族、銀髮族健康管理意識和運動習慣，加上國內仍有不少健身中心開放 70 歲以上會員參加，甚至還有醫院及私人機構，引進適合的器材，針對特殊族群，例如：女性鍛練核心肌群、中風、骨鬆或帕金森氏症患者復健，提供特殊的健身場所，使得老人運動的資源日漸多元。

在生理機能下滑前
就養成運動好習慣

臺大物理治療學博士、臺大醫院物理治療師林慧芬及長庚醫院復健科醫師林瀛洲不約而同認為，健康不能以年齡區分，而是要看當下的生理狀況。林慧芬的病患中，有不少肌肉練得很壯的年輕人，因舉重、舉啞鈴傷到腰椎；林瀛洲也指出，馬拉松比賽偶爾傳出壯年選手突發性心跳停止，可見以年齡做為入會標準並不適宜。

林瀛洲現任長庚醫療體系運動醫學整合照護小組總召集人，也曾任國家代表隊隊醫，他有一位超過百歲的患者，從 6

歲開始打太極拳，無一日懈怠，至今走路仍虎虎生風，體能絕對超過天天坐著玩手遊的年輕人。「人體生理機能從 25 歲開始往下掉，隨年齡增加一直走下坡。若有運動習慣，就能維持在原本的狀況，就算走下坡也會較慢。」

林瀛洲醫師強調，人類從亞健康到真正生病，中間的過程如果能好好運動，就可能回頭往健康端走，如果不運動，很快就跌落到生病族群，即便有少數健身房設下門檻，建議銀髮族千萬不要放棄運動的好習慣。「美國運動協會證實，有氧運動可降血壓 5 ～ 10 毫米汞柱，且能維持 22 小時，這意味著若能每天持續做有氧運動，就能有效降低血壓。」

有氧運動和重量訓練
都要兼顧

林慧芬物理治療師說，長期保持運動習慣，對維持全身體能、心肺循環、新陳代謝及全身協調性都有幫助，也有助於控制糖尿病及高血壓等代謝症候群；重量訓練則可增強從肩胛到腳踝的核心肌群力量、維持動態平衡能力、改善退化性關節炎、延緩骨鬆、預防肌少症……好處真是說不完。

林瀛洲醫師補充，重量訓練之所以有助於控制糖尿病，是因為人體肌肉群是儲存肝醣最大的器官，在肌肉表面有一個葡萄糖轉運體構造，通常糖尿病患者的葡萄糖轉運體活性會變差，

　　食物進入人體後，載體無法將葡萄糖轉運入肌肉細胞，導致血液內的糖分增加；但透過運動和重訓，肌肉表面的葡萄糖轉運體會被活化，比較容易把血液中的糖分存入肌肉，轉化成肝醣儲存起來，以備運動時使用。重訓使肌肉肥厚，也可儲存較多的肝醣，可達到降血糖的作用，避免葡萄糖從血液中流失。

　　林慧芬物理治療師指出，高血壓、糖尿病、心臟病、骨鬆、平衡不好的銀髮族，運動風險的確較高。但運動可以預防衰弱、延緩失能及失智，讓自己健康老化，維持一定能力和身體功能，所以絕對不可少。

　　林瀛洲醫師提醒年長者，除了透過跑步和騎腳踏車等有氧

運動，增加心肺功能外，還要做重量訓練，增加肌耐力，否則肌肉流失（肌少症），走路會愈來愈慢，手愈來愈沒力氣，導致肌耐力不足。「即便已有退化性關節炎及骨鬆症，透過運動不但可以維持功能，還能增進身體機能。」

高齡族別做超過身體負荷的運動
運動時最好戴上心率錶

　　林慧芬物理治療師建議樂齡族應往三個面向增進體適能，一是心肺適能（藉有氧運動，控制高血壓、糖尿病）；二是肌肉適能（藉重量訓練或阻力訓練，避免肌少症）；三是增加柔軟度（藉伸展拉筋讓身體更有彈性）。

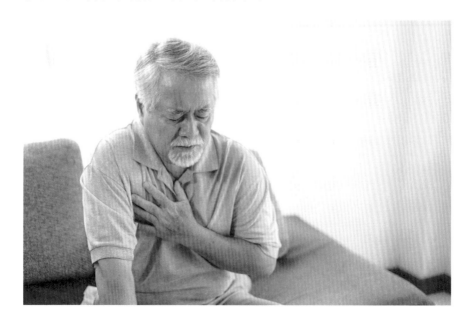

　　更重要的是，運動習慣要持續。林瀛洲醫師說，一曝十寒的人，一段日子沒有運動，體力、心肺耐力、肌力及柔軟度都會下降，很可能誤以為體能還和一個月前一樣，沒考慮到落差（隨年紀增加，落差會更多），結果做了超過身體能力的事情就容易受傷。

　　林瀛洲建議，不論老少，運動時最好戴上心率錶。跑馬拉松之所以會猝死，多半是沒注意到跑同樣的速度，但心跳一直往上飆，這就表示心臟冠狀動脈沒有足夠的時間放鬆（舒張），以便補充氧氣和血液，身體疲憊至極，此時再不停下來喝水休息，下一秒也許就是倒地不起。

　　雖然健身房有專業的器材，也可以選擇教練在一旁指導，

但林瀛洲和林慧芬都不認為老人必須進到健身房運動，畢竟在
健身房運動是很枯燥的，一些免費課程又為了吸引會員參加，
以動感音樂加快節奏和強度，不一定適合樂齡族和銀髮族參與，
這時選擇其他有效的替代運動，同樣可以達到健身和延緩老化
的目的。

去健身房避免受傷
最好請有經驗的教練指導

今年 72 歲、持續有在健康房及公園運動健身的陳堅志也以
自身經驗提醒，他不太贊成年紀大的人，心血來潮就跑去健身
房運動。「若只是去游泳還好，如果是使用跑步機，很可能因

手腳不協調而出狀況，還不如去公園快走或小跑步，較能隨時依身體反應來調整強度！」

他鼓勵想運動的民眾，不要忽略住家附近的公共資源，像社區公園、活動中心門檻相對較親民，也有現成團體可參加。若想去運動中心、健身房使用器材，一定要有專人指導，因為並非所有器材都適合你的年齡和需求。

陳堅志建議有特殊需求的樂齡族或銀髮族，選擇可針對個別需求，提供復健功能的健身中心，例如：訓練腹肌、蹬腳力量、預防跌倒的肌力、手腕力等，或改善五十肩、腰痠背痛、手腳不協調、平衡感不夠，或進行保護骨盆、膝關節、髖關節的訓練。

年輕時跑過半馬的陳堅志，十多年前還會去爬山，但現在覺得當下的運動最適合，未來他打算再增加一些瑜伽、拉筋課程，透過不同型態的運動及飲食控制，讓體重降至 75 公斤，腰圍維持在 32 吋。他知道這是很大的挑戰，但為了能「樂活」，他堅信所有的努力都是必要的！

8 個樂齡族和銀髮族常有的健身疑惑

　　健身房裡的傳統重訓器材，適合年長者使用嗎？哪些健身器材容易造成年長者受傷呢？樂齡族想參加健身房中的免費課程，如何挑選？本文列舉 8 個樂齡族和銀髮族常有的健身疑惑，請專家解析。

　　由於過去曾發生 60 歲長者運動時暈倒的不幸事件，加上年長者可能在使用健身器材時發生意外或死亡，健身中心得負過

失致死等法律責任，因此，不少健身房不收 70 歲以上會員，或是得附上健檢證明身體無礙，有的則會要求增加會費。

究竟樂齡族想上健身房運動，有哪些必知事項？本文專訪臺大醫院物理治療師林慧芬和長庚醫院復健科主治醫師林瀛洲，請他們針對樂齡族及銀髮族是否應選擇健身房，綜合建議如下：

Q 運動前應如何做好風險評估？

解析》可先做 PAR-Q 體適能評估問卷。

一般常以 PAR-Q 體適能評估問卷計算低中高運動風險，再給予後續的肌耐力或有氧運動處方，避免運動傷害或無效運動。其中，中度以上風險者，建議運動時應有專業人員從旁指導監督，高度風險者更要在醫師監督下特別設計適合的運動處方。

Q 沒有運動習慣的樂齡族適合到健身房運動嗎？

解析》 建議可至醫院的運動醫學中心評估運動項目，或從環狀運動著手。

沒有運動習慣的樂齡族，建議不要貿然加入一般傳統的健身房。若因中風、糖尿病、帕金森氏症等疾病而有運動需求，可透過醫師處方，建立運動醫療計畫，在醫院附設的體適能運

動醫學中心按時運動，幫助身體恢復功能。至於健康的樂齡族
或銀髮族，坊間亦有業者推出循環式（環形式、環狀運動）核
心肌群健身中心，提供婦女或特殊需求者一對一指導的安全重
量訓練器材。

Q 若運動時需要教練指導該如何找到合格教練？

解析》有特殊需求者建議找「物理治療師」。

　　目前政府並沒有推運動指導的專業證照，較正規的指導員
最好是合格的運動指導員、運動防護員、體適能教練，比較有
保障的是物理治療師。一般健身房教練大多習慣服務年輕健康
的人，很少有機會接觸樂齡族或特殊需求族群（例如骨鬆、失

能、失智者），建議先了解教練的背景及過去服務的對象，再
表達自己的需求，以便評估教練的規畫是否符合需求。

Q 健身房的傳統重訓器材
適合年長者使用嗎？

解析》建議用划船機等油壓或氣壓式健身器材，「微調」強度，
　　　較能避免受傷。

　　年輕人重訓主要是為了雕塑體態或維持身體線條，訓練時
往往鋼片 5 磅、10 磅一路加上去，但樂齡族運動的目的是為了
減重、讓手腳有力、增加平衡感和反應力，並保持體能，兩者
的訴求不盡相同。

　　再者，老人練重訓要緩慢漸進，不能一次加太多重量，建

議每次增加 5 ～ 10%阻力就好，但一般健身房不可能有這麼微量的鋼片，所以最理想的方法是用油壓或氣壓式，無段式增加阻力類型的重訓器材，以自己的重量為阻力，不論踩蹬、舉握、拉伸都可量力而為。

前面提到的「環狀運動」，就是用這類重訓器材，油壓管會根據運動速度、改變重量。只要慢慢做，重量會比較輕；反之，速度加快，重量就會增加，讓民眾可以依照自己的體力調整強度，安全又簡單。

其他油壓和氣壓式的健身器材，包括划船、踢腳、蝴蝶機等利用油壓產生阻力，分門別類鍛鍊胸部、手肘、肩胛的肌肉力量，練習時只要持續增加阻力，便能使肌肉量及肌力進步，好處是不會讓老人難以負荷，萬一老人無力支撐，氣閥會慢慢收回，也不會讓人受傷。

Q 健身房中的免費課程 適合樂齡族或銀髮族嗎？

解析》土風舞（廣場舞）、瑜伽、皮拉提斯較適合長者，但不建議熱瑜伽。

健身房每月要繳交月費，樂齡族、銀髮族也許會想多嘗試免費體驗課程。一般來說，邊聽音樂邊舞動的社團，如土風舞、肚皮舞、拳極有氧等，都很受樂齡族和銀髮族歡迎，但其中以

土風舞（廣場舞）較適合參加。此外，瑜伽、皮拉提斯以慢動作鍛鍊核心肌群，也是很推薦的社團活動。

　　至於拳擊有氧和飛輪，由於強度太大，若不是已經做習慣的人，很容易受傷。熱瑜伽是在高溫環境做瑜伽，對心血管不佳的人來說，容易心跳加速、暈眩、氣喘，最好不要輕易嘗試。另外，糖尿病患對溫度的敏感度較差，做這類運動也易影響循環代謝。

Q 健身房中有哪些器材 容易讓樂齡、銀髮族受傷？

解析》自由重量式（Free Weight）的運動，得靠身體的力量將
　　　健身器材舉在空中，年長者使用較易受傷。

　　健身房中的一般器材，有固定軌道對關節設限，坐著或躺著時也有靠背，難度較低，也不會超過身體負荷，相對較安全。但槓啞鈴等器材，以及 Free Weight 式的運動，如果不了解身體的能力，一下子拿太重（如啞鈴、壺鈴、藥球、瑜伽球等道具），就比較容易發生危險。而且這些道具通常要靠身體的力量舉在空中，沒有固定的軌道，難以控制，較容易受傷。如果骨鬆已有壓迫性骨折，在進行仰臥起坐等背部訓練時，要特別小心，最好有教練幫忙看著，比較不會受傷。

Q 運動完泡三溫暖舒緩 應注意哪些事情？

解析》心血管疾病患者應注意三溫暖時間不宜過久，若流汗，
　　　要多補充水分。

　　三溫暖並不是運動，只是有助於放鬆。不論烤箱、蒸氣室或冷熱湯，對有心血管疾病的人來說都不適合。心血管疾病患者調控血壓的能力較差，在烤箱、蒸汽室內，血管易擴張，若泡冰水，則血管易收縮，有時會因血壓升高而突然昏倒。

　　建議有血管硬化、心臟病的人，如果很想使用三溫暖，時間不能太長，尤其要避免泡湯太久，血管擴張、血壓下降易頭暈昏倒。如果有流汗，也別忘了要多補充水分。

Q 若不去健身房運動 有哪些替代方案？

解析》選擇自己喜歡的休閒運動，才能持之以恆。

　　想藉由運動健身，一定要做自己感興趣的運動才能持續。不論跑步、游泳、打球、跳舞、騎腳踏車、舉保特瓶、打太極拳、深蹲，有時間盡量從事喜歡的休閒運動，多動、常動就有益健康，不一定非要去健身房才算是運動。

　　如果想增加肌力，可透過阻力運動鍛鍊大肌肉，只要找到

東西可產生抗力，例如推牆壁、伏地挺身、拉彈力繩，用最大力氣一半的力量反覆推或拉，就可以達到增肌的目的。

假如無法找到專業教練測試，也可以自我評估，只要感覺做阻力運動時有點吃力，但可以完成，反覆做 10 次、20 次就足夠了，並不一定要很用力。如果總是得使出吃奶力氣才能做到，血壓可能飆高，不利於銀髮族。

倘若想增加心肺功能，快走、游泳、騎腳踏車等有氧運動，都是不錯的選擇。如果身體功能不佳，中風患者可坐著做阻力訓練，打打輪椅太極拳也不錯。

編輯後記

多一些夢想的啟發！

文／葉雅馨（大家健康雜誌總編輯暨董氏基金會心理衛生中心主任）

　　不少人步入中年，家中孩子長大後，可能常會想「假如可以退休的話，我想……」、「如果不工作，可以做……」，滿心期待下一階段的人生課題，可是當退休時日逼近，又開始擔心人生就此休息？甚至憂心未來該如何安排生活。

　　近八成受訪者意識到自己已達退休年齡，但是近四成的他們還未開始規劃。這是 2019 年初，董氏基金會針對 50 歲以上的國人進行「退休及老年預備的需求現況調查」的發現。

　　一般退休給付年齡以滿 65 歲計算，也有很多人想趁早退休。如果以國人平均壽命 80 歲來看，退休後的日子還很漫長，如何規劃才是重點！

　　退休後可能面臨哪些困境？該如何調適？大家健康雜誌與寶佳公益慈善基金會合作出版的《未來更幸福！退休前必修的12堂課》為準備或即將退休的人，點出退休生活會遭遇的課題，及提供實用可行的方式。與這本書理念結合的姊妹書就是《樂

齡圓夢實踐家》，書中訪問多位民間素人，可說是退休達人，精彩的展開他們的第二人生。

其實退休雖然會遇到不一樣的生活情境、面臨身體的退化、家庭角色的轉變，但只要保持正面的心情面對，就可以像書中的退休達人，擁有快樂充實的退休生活。

《樂齡圓夢實踐家》書中，陳堅志在 70 歲後，選擇走入校園，完成實踐大學高齡家庭服務事業碩士在職專班的碩士學業，完全印證活到老、學到老。結束公務員生涯的蘇寧生，63 歲退休後，完全樂在學習，學習繪畫、陶藝、盆景布置，還有二胡，完成年輕時想做的事。

曾在外商公司擔任主管的劉家馴，選擇 43 歲時離開職場，提早退休重新定位自己的人生，休養身體，回歸家庭。50 歲時開始準備退休生活的董國震，則是退而不休，擔任多個單位的志工，回饋社會。在職場工作 20 多年的林豔萍，毅然在 50 歲時決定退休，挑戰海外體驗異國風

情的夢想，擔任國合會海外志工。

　　退休的「夢想」到底是什麼？其實不必羨慕別人，也不一定非要有完整計畫，只要有準備，生活要有重心，就能圓滿自我。夢想可以從小做起，發想自己可完成的期待，只要實踐時感覺快樂、充實，就能感受實踐夢想的樂趣。希望《樂齡圓夢實踐家》這本書，能讓想退休的你，多一些夢想的啟發。

　　文末，最要感謝在董氏基金會《大家健康》雜誌服務近20年的楊育浩主編，隨著這本書的完成，他也將暫時離開這個團隊，一圓自己的夢想。我想：有心，團隊就在！祝福他展翅高飛、圓滿上登峰！

幸福樂齡：高年級的人生課
定價／380元 總編輯／葉雅馨 採訪整理／《大家健康》雜誌

人生，愈老愈有味！本書透過各界名人，包括：孫越、謝孟雄、黑幼龍、沈燕士、陶傳正、張金堅、楊志良、陳益世、林靜芸、葉金川、譚艾珍及陳焜耀等人物的精彩人生故事，分享自在生活、豐富生命、老而無憂及老而自得的人生思維。

心的壯遊：從捷克波希米亞，觸動不一樣的人文風情
定價／380元 作者／謝孟雄

捷克，浪漫迷人的波希米亞風情，幾經歷史洗禮、文化淬鍊，造就今日擁有12處世界文化遺產。本書以攝影家的運鏡，文史家的宏觀，用「心」帶你看到布拉格的絕美、卡羅維瓦利迷人的溫泉景緻、克魯姆洛夫保留的世遺風貌，以及庫特納霍拉變化萬千的人骨教堂……

最美好的時光：人生無憾過日子
定價／380元 作者／葉金川

罹癌康復後的葉金川珍視眼前的每一刻，他知道有一天必須跟親友說再見，因而寫下了對生命的提醒：「人一生要活得精彩、走得帥氣，走的時候不要管子、不須維生治療；死後大體器官要捐贈，不要追思葬禮，也不要墓園墓碑；想我的時候，就到合歡北峰來看我。人一輩子，就該留下一些能感動自己的事！」

關鍵戰疫：台灣傳染病的故事
定價／380元 作者／張鴻仁

痢疾、小兒麻痺、登革熱、結核病、愛滋病、安非他命、SARS等，都是臺灣近代重大的傳染病，對臺灣公共衛生的發展，亦有深遠的影響。作者希望讀者認識傳染病在臺灣發生和防治的一點一滴，要化身為福爾摩斯，一步步挖掘傳染病的真相，也希望讀者能學習前輩們為臺灣疫病防治所展現的智慧和能耐。

隨遇而安：精神科教授簡錦標的人生故事
定價／400元 作者／簡錦標

簡錦標教授是臺灣精神科醫學的權威，曾任臺北市立療養院院長、中華民國精神醫學會理事長，他的人生經歷臺灣近代史的滄桑轉變，從醫生涯就如近代精神醫學的發展演進！臺灣第一個精神官能症病友團體生活調適愛心會即為他所創立，也帶起臺灣團體治療的趨勢。本書從他的成長到罹癌的重生，敘說精彩的人生故事。書中呈現一個精神科醫師對生命的思考、人生的體悟，以及面對癌症的勇氣！

董氏基金會《大家健康雜誌》出版品介紹
健康樂活系列

男人的長壽病：攝護腺肥大預防與治療
定價／250元　總編輯／葉雅馨　採訪整理／《大家健康》雜誌　審訂／蒲永孝

你是攝護腺肥大高危險群嗎？男性的攝護腺會依年齡增加而肥大，另外像司機、廚師、老師等需久坐久站、常憋尿的職業也得當心，以免攝護腺肥大引發頻尿、夜尿等排尿困難。若延誤治療，到後期恐引起尿毒症而要洗腎！

男人的生命腺：攝護腺癌診斷與治療
定價／250元　總編輯／葉雅馨　採訪整理／《大家健康》雜誌　審訂／蒲永孝

男性生殖器官的癌症，九成以上都發生在攝護腺。攝護腺癌初期症狀不明顯，不容易發現。本書告訴你如何防範攝護腺癌，並接受適當檢查和治療。如果不幸罹癌，本書有詳盡的治療方法與照護的解析，幫你正確抗癌，對抗這個無聲殺手。

啟動護眼行動，別讓眼睛老得快！
定價／250元　總編輯／葉雅馨　採訪整理／《大家健康雜誌》

本書逆轉過時的眼睛保養觀念，想擁有清澈動人、更顯年輕的明眸，哪些護眼基本功要做？如果一天使用3C超過10小時，不想3C損耗視力，趕快翻閱本書，教你防備！

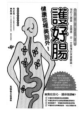

護好腸，健康從裡美到外！
定價／280元　總編輯／葉雅馨　採訪整理／《大家健康雜誌》

想食在安心、腸保健康，實踐健康無毒的飲食生活嗎？本書教你易懂該做的保健「腸」識，告訴你可以擁有好腸道的實用祕訣。食安風暴下，本書教你自保的用油知識，教你分辨真假食物，為自己調整飲食習慣。

養好胃，身體自然變年輕！
定價／250元　總編輯／葉雅馨　採訪整理／《大家健康雜誌》

想要身體回春變年輕？本書為你找到真正維持青春的關鍵祕密！你知道養好胃的重要嗎？維持青春好氣色的關鍵就在「胃」。胃部的健康，主宰人體的營養供應，若消化吸收力弱，免疫力下降，氣色自然不好，想要比實際年齡看來還年輕，就要趕快懂得如何「養好胃」的健康！

蔬食好料理：創意食譜，健康美味你能做！
定價／350元　作者／吳黎華

這本書為想追求健康窈窕的你，帶來做菜的樂趣與驚喜，教你輕鬆煮出蔬食清爽無負擔的好味道。你會發現高纖低卡的青菜料理不再一成不變，意想不到的搭配，讓每一口都充滿巧思。學會這些創意食譜，你也能變身時尚健康的飲食達人。

蔬食好料理2：饗瘦健康，樂齡美食你能做！
定價／350元　作者／吳黎華

藜麥、香椿、蒟蒻、杏鮑菇等養生食材，如何創意入菜，煮出美食？天然蔬食也能吃出異國風？熟齡飲食如何兼顧美味？學會書中食譜，你也能輕鬆做料理，為自己和家人的健康加分！

預約膝力人生：膝蓋要好，這樣保養才對！
定價／250元　總編輯／葉雅馨　採訪整理／《大家健康雜誌》

本書除了教你認識膝關節、正確的保養知識，更有運動防護的實戰解答，尤其瘋路跑、迷上路跑，又怕傷膝蓋怎麼辦？本書完整教你：正確的跑步方式，跑步前後該注意的事項，如何預防膝蓋傷害、如何透過練習、聰明飲食，讓自己身體更有能量！

成功打造防癌力，調好體質不生病！
定價／250元　總編輯／葉雅馨　採訪整理／《大家健康雜誌》

你知道哪些習以為常的飲食習慣，卻會增加罹癌機率嗎？你知道如何聰明吃，才不會將癌症吃進肚？本書為你一次解答，你最想知道的「吃什麼防癌」最有效？抗癌該怎麼吃？教你了解身體警訊，降低發炎機會，全方位打造防癌力！

排毒養生這樣做，輕鬆存出健康力！
定價／250元　總編輯／葉雅馨　採訪整理／《大家健康雜誌》

想排毒養生，就要從避免吃進毒開始。本書教你挑選食材的秘訣，無毒的採買術，同時提醒留意烹煮的鍋具，不要把毒吃下肚。教你懂得居家防毒，防範生活中的毒素，包括室內空氣污染物、環境荷爾蒙等。最後，釐清養生觀念及迷思，為身體存出健康力！

用對方法,關節不痛

定價／250元　總編輯／葉雅馨　採訪整理／《大家健康雜誌》

你知道生活中哪些傷害關節的動作要避免?如果關節炎纏身,痠痛就要跟定一輩子?本書教你正確保養關節的祕訣,從觀念、飲食、治療到居家照護的方法,圖文並茂呈現,讓你輕鬆了解關節健康,生活零阻礙!

做個骨氣十足的女人──骨質疏鬆全防治

定價／220元　策劃／葉金川　編著／董氏基金會

作者群含括國內各大醫院的醫師,以其對骨質疏鬆症豐富的臨床經驗與醫學研究,期望透過此書的出版,民眾對骨質疏鬆症具有更深入的認識,並將預防的觀念推廣至社會大眾。

做個骨氣十足的女人──營養師的鈣念廚房

定價／250元　策劃／葉金川　作者／鄭金寶

詳載各道菜餚的烹飪步驟及所需準備的各式食材,並在文中註名此道菜的含鈣量及其他營養價值。讀者可依口味自行安排餐點,讓您吃得健康的同時,又可享受到美味。

氣喘患者的守護──11位專家與你共同抵禦

定價／260元　策劃／葉金川　審閱／江伯倫

氣喘是可以預防與良好控制的疾病,關鍵在於我們對氣喘的認識多寡,以及日常生活細節的注意與實踐。本書從認識氣喘開始,介紹氣喘的病因、藥物治療與病患的照顧方式,為何老是復發?面臨季節轉換、運動、感染疾病時應有的預防觀念,進一步教導讀者自我照顧與居家、工作的防護原則,強壯呼吸道機能的體能鍛鍊;最後以問答的方式,重整氣喘的各項相關知識,提供氣喘患者具體可行的保健方式。

當更年期遇上青春期

定價／280元　編著／大家健康雜誌　總編輯／葉雅馨

更年期與青春期,有著相對不同的生理變化,兩個世代處於一個屋簷下,不免迸出火花,妳或許會氣孩子不懂妳的心,可是想化解親子代溝,差異卻一直存在……想成為孩子的大朋友?讓孩子聽媽媽的話?想解決更年期惱人身心問題?自在享受更年期,本書告訴妳答案!

董氏基金會《大家健康雜誌》出版品介紹

隨心所欲，享受精彩人生

定價／320元　總編輯／葉雅馨　採訪整理／《大家健康雜誌》

面對人生的困局，接踵而至的挑戰，該如何應對？在不確定的年代，10位70歲以上的長者，以自己的人生歷練，告訴你安心的處世哲學與生命智慧。書中你可以學到生涯規畫、工作管理、心靈成長、愛情經營、生命教育、養生方法等多元的思考，打造屬於自己的成功幸福人生。

12位異鄉人傳愛到台灣的故事

定價／300元　編著／羅東聖母醫院口述歷史小組

你願意把60年的時光，無私奉獻在一個團體、一個島嶼、一群與你「語言不通」、「文化不同」的人身上？本書敘述著12個異國人，從年少就到台灣，他們一輩子把最精華的青春，都留在台灣的偏遠地區，為殘障者、智障者、結核病患、小兒麻痺兒童、失智老人、原住民、弱勢者服務，他們是一群比台灣人更愛台灣人的異鄉人……

行男百岳物語：一生必去的台灣高山湖泊

定價／280元　作者／葉金川

這是關於一位積極行動的男子和山友完成攀登百岳的故事。書裡有人與自然親近的驚險感人故事，也有一則則登高山、下湖泊的記趣；跟著閱讀的風景，你可窺見台灣高山湖泊之美。

公益的力量：董氏基金會30周年專書

定價／300元

董氏基金會致力於菸害防制、心理衛生、食品營養等工作，全方位關懷全民身心健康，在公益的路上，展現公益的價值，顯現公益的力量。30年來，感謝所有人的鼓勵與支持，陪我們一點一滴的成長。守護全民的健康，是董氏基金會永遠的堅持和承諾！

生命的奇幻旅程：啟迪心靈成長的6個故事

定價／350元　作者／堀貞一郎　譯者／賴東明

如果有一隻魔法鉛筆，能夠讓你畫出想要的東西，實現願望，你想畫什麼？想體會不同的生命價值，展開一段有憂傷、有甜美的人生旅程嗎？日本創意大師堀貞一郎與臺灣廣告教父賴東明聯手打造讓你重拾童心，重新體悟人生的真情有感書！

樂齡圓夢實踐家

總　　編　　輯／葉雅馨
主　　　　　編／楊育浩
執　行　編　輯／蔡睿縈、林潔女、張郁梵
採　訪　整　理／張慧心、葉語容、林潔如、梁雲芳
封　面　設　計／比比司設計工作室
內　頁　排　版／陳玟憶

合　作　出　版／財團法人寶佳公益慈善基金會

出　版　發　行／財團法人董氏基金會《大家健康》雜誌
發行人暨董事長／謝孟雄
執　　行　　長／姚思遠

地　　　　　址／台北市復興北路57號12樓之3
服　務　電　話／02-27766133#252
傳　真　電　話／02-27522455、02-27513606
大家健康雜誌網址／healthforall.com.tw
大家健康雜誌粉絲團／www.facebook.com/healthforall1985

郵　政　劃　撥／07777755
戶　　　　　名／財團法人董氏基金會

總　　經　　銷／聯合發行股份有限公司
電　　　　　話／02-29178022＃122
傳　　　　　真／02-29157212

印　刷　製　版／緯峰印刷股份有限公司

版權所有・翻印必究

出版日期／2019年6月5日初版
　　　　　2019年7月31日二刷
定　　　　　價／新台幣300元

國家圖書館出版品預行編目(CIP)資料

樂齡圓夢實踐家 / 葉雅馨總編輯. -- 初版.
-- 臺北市：董氏基金會<<大家健康>>雜誌,
2019.05
　面；　公分
ISBN 978-986-97750-0-7(平裝)

1.老年 2.生活指導

544.8　　　　　　　　　　　108006318